REJOIGNEZ LA COMMUNAUTÉ DES LECTEURS MALINS !

Inscrivez-vous à notre newsletter et recevez chaque mois :
- des conseils inédits pour vous sentir bien ;
- des interviews et des vidéos exclusives ;
- des avant-premières, des bonus et des jeux !

Rendez-vous sur la page :
http://leduc.force.com/lecteur

Découvrez aussi notre catalogue complet en ligne sur notre site :
www.editionsleduc.com

Enfin, retrouvez toujours plus d'astuces et de bons conseils malins
sur notre blog : **www.quotidienmalin.com**
sur notre page Facebook : **www.facebook.com/QuotidienMalin**

Maquette : Sébastienne Ocampo

29 boulevard Raspail
75007 Paris – France
ISBN : 979-10-285-0389-5
ISSN : 2425-4355

C'EST MALIN

POCHE

FRANÇOIS VINCENSINI

CONNAÎTRE LES CLÉS DE SON DESTIN GRÂCE À LA NUMÉROLOGIE

LEDUC.S ÉDITIONS

Je dédie ce livre à deux enseignants d'exception, Chantal et Gilles.

SOMMAIRE

AVANT-PROPOS

Depuis les origines de l'humanité, les nombres tiennent une grande place dans l'évolution de l'homme. Avant de savoir écrire, il a fallu savoir compter pour partager. Plus tard, les Hindous, les Chinois, les Égyptiens, les Sumériens, les Phéniciens, les Arabes et les Hébreux ont employé le symbolisme des nombres dans l'approfondissement de la Connaissance.

Pour s'en convaincre, quelques citations connues :

- Pythagore (580-495 av. J.-C.), philosophe, mathématicien, astrologue et numérologue a proclamé : « *Tout est nombre dans l'Univers.* »
- Dans la Bible : « *Dieu a tout disposé avec mesure Nombres et poids.* » (Sagesse 11,20)
- La devise des Maîtres Bâtisseurs : « *Construire par le nombre le Ciel sur la Terre.* »

Ce livre a donc pour vocation de vous aider à comprendre le pouvoir symbolique des nombres et leur rôle d'initiateur dans le cheminement de votre vie au quotidien.

Mais avant de passer dans le concret, il semble important de rappeler que le symbole, loin d'être un signe neutre, est moteur et que, bien interprété, il peut conduire à une évolution positive et constructive. Le mot symbole vient du grec ancien *súmbolon* dont la signification peut se traduire par « mettre ensemble ». Au sens pythagoricien du terme, la fonction du symbole est de délivrer un enseignement secret avec sa double face : une expression énigmatique et un sens profond (source Wikipédia).

Une récente étude scientifique évoquée dans le journal *Le Monde* a avancé que la création de l'Univers n'était peut-être pas le fruit du hasard, mais plutôt la résultante d'une volonté. Si l'on souscrit à cette idée d'une création volontaire, alors nous pouvons dire que les nombres peuvent être considérés comme les maîtres de ballet et les maîtres de musique de la symphonie qu'est la création de l'Univers.

Les nombres orchestrent ainsi la densification de la lumière depuis le photon, en passant par toutes les étapes d'évolution, jusqu'à la constitution de nos corps humains comme le laisseraient entendre les dernières théories de la physique quantique qui induisent l'hypothèse que tout est vibration.

Quelle que soit l'avancée des sciences humaines, la création de l'Univers et son origine restent encore un mystère pour la plupart d'entre nous. Nous pouvons nous émerveiller de sa complexité, de son ordonnancement, de sa beauté, de l'infini de ses dimensions.

Pour éviter d'épouser une cause religieuse ou philosophique particulière dans ce livre, nous nommerons le sens de ce grand œuvre « l'Intelligence Universelle de Vie ». Les nombres et leur symbolisme vont nous aider à en décoder l'intention dans notre développement personnel et le déroulement de notre quotidien.

Avant de découvrir le côté pratique et ludique au quotidien de la symbolique des nombres, vous allez apprendre à les comprendre et à les utiliser tant dans votre construction intérieure que dans votre rayonnement extérieur. Vous verrez que les nombres peuvent aider à vous accomplir et à parfaire certaines facettes de votre personnalité.

Le nombre vous suit partout, quand vous regardez l'heure, un numéro de chambre d'hôtel, une date particulière, la plaque d'immatriculation du véhicule qui vous précède... De quel message est-il porteur pour vous ? Comment fixer une date pour tel ou tel événement important dans votre vie ? Comment savoir si un partenaire au travail ou en privé est compatible avec vous ? Autant de questions auxquelles la symbolique des nombres peut vous apporter une réponse.

Nous espérons que cette initiation vous encouragera à développer en vous la part d'intuition, d'imagination et d'inspiration, inhérente à la condition humaine.

AVERTISSEMENT

Avant de prendre connaissance du contenu de ce livre, il est important de savoir que nous avons voulu mettre à votre disposition pour chaque chapitre des grilles de calculs guidés et prétracés pour que vous puissiez obtenir des résultats sûrs et réaliser une interprétation adaptée, facilement intégrative et de ce fait consultable à tout moment.

Pour vous faciliter l'écriture des calculs et leur interprétation, nous vous recommandons de photocopier les pages concernées. Cette méthode laissera votre livre intact pour d'autres études familiales éventuelles et vous permettra de constituer un dossier confidentiel sur la symbolique numérique de votre personnalité.

1

LES NOMBRES ET MOI

Chapitre 1

Comprendre et utiliser la symbolique des nombres

Celui qui connaît son nombre devient le maître de « sa » vibration intérieure.

Uriel, in Pierre Lassalle, *La Numérologie holistique.*

Il convient tout d'abord de distinguer la notion de nombre et celle de chiffre. Le chiffre est une représentation graphique du nombre en deux dimensions. Il peut être considéré comme un signe, un paramètre, qui peut par exemple indiquer une quantité, ou permettre un calcul intéressant, pour mesurer, dénombrer, classifier etc., donc un outil pratique, mais sans âme.

En revanche, le nombre est, dans l'Antiquité, un symbole actif au service de la compréhension de la Connaissance, c'est-à-dire du rôle de l'Homme et de son destin dans l'Univers, sur un plan collectif comme sur un plan individuel.

C'est donc en tant que symboles que nous allons considérer les nombres dans ce livre. Si l'on peut trouver la présence significative des nombres aussi bien dans les pétales d'une marguerite que dans le tableau périodique et les masses atomiques de Dimitri Mendeleïev (1834-1907, chimiste russe connu pour son travail sur la classification périodique des éléments), nous allons dans ce recueil nous cantonner à son application symbolique à l'homme.

COMPRENDRE LES NOMBRES DE 1 À 9

Pour commencer à nous familiariser avec leur signification, la meilleure manière d'en saisir l'influence dans la vie de l'homme est d'intégrer la définition attribuée à l'Archange Uriel par la Tradition (dans la tradition ésotérique, cet archange aide à acquérir la Connaissance,

à décoder et interpréter les messages de notre vie intérieure) :
1 : L'être humain naît et entame un nouveau cycle.
2 : Il partage et s'associe avec ceux qu'il rencontre.
3 : Il s'exprime en parlant, en écrivant et en voyageant.
4 : Il travaille, se discipline et s'organise.
5 : Il prend conscience de sa liberté et s'adapte aux situations.
6 : Il fonde un foyer et se responsabilise.
7 : Il évolue spirituellement et recherche la connaissance.
8 : Il apprend à utiliser le monde matériel et trouve son équilibre.
9 : Il développe une conscience planétaire et désintéressée, puis s'ouvre à son intuition.

Ainsi le nombre dans sa symbolique caractérise la vibration d'un état d'être et d'évolution de l'homme souhaité par l'Intelligence Universelle de Vie. Chaque nombre comporte un côté positif et un côté négatif que l'homme dans son libre arbitre a le choix d'expérimenter.

Les nombres sont ainsi des indicateurs de dons et des problématiques innés pour réaliser une évolution précise, souhaitée par l'Intelligence Universelle de Vie pour chacun. Ce livre traitera exclusivement de l'évolution offerte par cette Intelligence Universelle de Vie, dans le quotidien, à la lueur des nombres qui le peuplent.

On pourra se faire une idée plus précise de la portée des nombres dans trois de leurs dimensions – pratique, psychologique et spirituelle – dans un tableau intitulé *Signification générale et résonnance des nombres* (annexe 2, p. 158), aussi bien dans leur côté positif que leur côté négatif.

LES NOMBRES, INDICATEURS DE NOTRE CHEMIN DE VIE

L'homme, créé selon un principe ternaire, « Esprit – Âme – Personnalité », peut se définir ainsi :
Son corps est sa voiture ;
le conducteur son ego ;
le passager l'être spirituel qui l'habite (autrement dit son esprit).
Le conducteur est persuadé qu'il sait où il va, il peut lui arriver de se tromper de route, même d'avoir un accident ou, encore plus, de mettre

→

sa voiture en panne. En fait, il conduit sans connaître la bonne route qui l'emmène à bonne destination, il la découvre au fur et à mesure. S'il prend conscience qu'il a un passager qui lui seul connaît la bonne destination, il pourra par le dialogue avec ce passager mener sa voiture à « bon port ».
Les nombres sont donc les panneaux indicateurs qui permettent au « conducteur » de connaître le chemin à parcourir et la destination souhaitée par son passager.

COMMENT UTILISER LES NOMBRES ?

Pour savoir utiliser la symbolique des nombres, il faut admettre que toute leur utilisation vous caractérisant dans la société a son importance :

- votre date de naissance ;
- chacune des lettres qui composent vos prénoms et nom patronymique (nom de jeune fille pour les femmes), converties dans leur équivalence numérique ;
- votre rang dans la fratrie ;

- le numéro et le nom de la rue où vous résidez, l'étage (s'il y a lieu), la ville et son code postal, votre département, votre pays ;
- votre numéro de téléphone, le numéro d'immatriculation de votre véhicule.

À la lecture de cette énumération, qui n'est pas exhaustive, vous pouvez vous dire, « mais tout ça pour la majorité est dû au hasard, j'ai choisi très peu par moi-même ! » Pourtant, comme la loi d'attraction qui rapproche les galaxies entre elles, l'Intelligence Universelle de Vie alliée à la volition (forme de volonté qui propose sans disposer en laissant le libre arbitre à la personnalité qui s'incarne) de notre âme nous font nous aimanter à notre famille, notre pays, notre résidence, et de la même manière notre partenaire...

Nous vous indiquerons plus loin comment calculer et interpréter les nombres qui vous concernent (p. 23). Dans la rubrique de votre choix, après la lecture d'un exemple adapté et la réalisation d'un exercice personnalisé, vous pourrez consulter le(s) tableau(x) d'interprétation référencé(s) correspondant(s), en prenant en compte le résultat obtenu.

Pour l'instant, il est important de retenir les deux fondamentaux de l'utilisation des nombres :

① la conversion des lettres en nombres ;
② la réduction du résultat d'un calcul à l'unité de 1 à 9.

LA CONVERSION DES LETTRES EN NOMBRE

Voici un premier tableau pour prendre connaissance de l'équivalence numérique de chaque lettre ; vous en trouverez un autre présenté différemment (annexe 1, p. 157) pour une utilisation plus aisée lors de vos calculs personnels.

1	A	J	S
2	B	K	T
3	C	L	U
4	D	M	V
5	E	N	W
6	F	O	X
7	G	P	Y
8	H	Q	Z
9	I	R	

Un exemple : Alain (1er prénom) – Robert (2e prénom) – Daniel (3e prénom) – Larrive (nom). La correspondance se trouve en dessous de chaque lettre, cette présentation est nécessaire pour effectuer des calculs exacts, il est préférable d'utiliser un crayon à papier en cas de correction :

A	L	A	I	N		
1	**3**	**1**	**9**	**5**		
R	O	B	E	R	T	
9	**6**	**2**	**5**	**9**	**2**	
D	A	N	I	E	L	
4	**1**	**5**	**9**	**5**	**3**	
L	A	R	R	I	V	E
3	**1**	**9**	**9**	**9**	**4**	**5**

À votre tour pour vous familiariser avec cette conversion :

1er prénom : ....

Ses nombres : ....

2e prénom : ....

Ses nombres : ....

Votre nom : ....

Ses nombres : ....

LA RÉDUCTION DU RÉSULTAT D'UN CALCUL À L'UNITÉ DE 1 À 9

Pour caractériser la vibration d'un prénom ou d'un nom, il convient d'additionner les nombres obtenus entre eux et de réduire le résultat obtenu à l'unité. Reprenons l'exemple d'Alain Larrive :

A L A I N
1 + 3 + 1 + 9 + 5 = 19. Réduction à l'unité : **1 + 9 = 10**, puis **1 + 0 = 1**. La vibration du 1er prénom est : **1**.

R O B E R T
9 + 6 + 2 + 5 + 9 + 2 = 33. Réduction à l'unité : **3 + 3 = 6**. La vibration du 2e prénom est : **6**.

L A R R I V E
3 + 1 + 9 + 9 + 9 + 4 + 5 = 40. Réduction à l'unité : **4 + 0 = 4**. La vibration du nom est : **4**.

À votre tour, pour vous entraîner à cette conversion avec vos données personnelles :
1er prénom : ....
Ses nombres : ....
Réduction : ....
Vibration : ....

2e prénom : ....
Ses nombres : ....
Réduction : ....
Vibration : ....

Votre nom : ....
Ses nombres : ....
Réduction : ....
Vibration : ....

N. B. : pour les prénoms ou noms composés, on procède avec toutes les lettres sans tenir compte du tiret sur la même ligne de calcul.

Lorsque l'on est en présence d'une suite de nombres comme pour une date de naissance, on additionne verticalement et on réduit ensuite le résultat à l'unité :

Alain Larrive est né le 23/4 /1967.

Pour réduire à l'unité sa date de naissance, on pose l'opération d'addition comme suit :

			2	3
+				4
+	1	9	6	7
=	1	9	9	4

On additionne le résultat : 1 + 9 + 9 + 4 = 23.
Réduction : 2 + 3 = 5.

La vibration à retenir pour cette date de naissance est 5.

Pour votre date de naissance :

____
\+ __
\+ ________
= ________

On additionne le résultat _ +_ +_ +_ = __ On réduit le résultat _+_ = _

La vibration à retenir pour votre date de naissance est __

Vous savez maintenant convertir les lettres en nombres et réduire une suite de nombres à l'unité nous allons pouvoir maintenant passer à l'interprétation des vibrations pour chaque rubrique recherchée dans les chapitres qui suivent.

À chaque fois, après l'exposé de la définition de la rubrique, nous reprendrons l'exemple d'Alain

Larrive, puis vous pourrez effectuer vos propres calculs et reporter sous votre exemple la signification de la vibration obtenue dans le tableau correspondant en annexe.

Chapitre 2

Le développement intérieur de ma personnalité et son rayonnement extérieur

Nous ne portons pas nos noms,
ce sont nos noms qui nous portent.

Georges Colleuil

Si l'on considère que le nombre décode l'influence de l'Intelligence Universelle de Vie pour chacun d'entre nous, il va de soi que la conversion en nombre des lettres de nos prénoms et nom a une signification précise quant à la direction à donner à nos choix pour une évolution harmonieuse de notre personnalité.

Une longue expérience de l'étude symbolique de l'identité de mes consultants me permet d'affirmer que notre premier prénom (dans l'ordre de l'état civil) indique la direction à donner à l'épanouissement de notre intériorité. Il constitue la leçon de vie à intégrer pour se forger un intérieur solide pour dépasser et transcender nos problématiques du quotidien.

Les prénoms qui suivent, souvent attribués par les parents en référence à tel ou tel membre de la famille, caractérisent pour le deuxième prénom notre affectif et pour le troisième (et plus, le cas échéant) notre créativité et nos dons innés.

Le nom de famille (nom de jeune fille pour les femmes) révèle les qualités à faire rayonner pour une vie réussie dans notre environnement, familial, social et professionnel.

Nous passons maintenant à l'étude concrète des vibrations et de leur influence sur notre identité.

LE DÉVELOPPEMENT INTÉRIEUR DE MA PERSONNALITÉ

Le premier prénom

1re phase : le calcul

Pour comprendre le mode de détermination du calcul, nous allons reprendre l'exemple d'Alain Larrive : son premier prénom définit son développement intérieur.

A L A I N
1 + 3 + 1 + 9 + 5 = 19. Réduction à l'unité : **1 + 9 = 10, puis 1 + 0 = 1. La vibration du 1er prénom est : 1.**

Cette vibration **1** doit maintenant être interprétée en se reportant au tableau *Signification générale des nombres* (annexe 2, p. 158) et au tableau *Symbolique des lettres initiales du nom ou du prénom* (annexe 3, p. 159).

2e phase : l'interprétation

Que nous dit le tableau *Signification générale des nombres* ?

1 signifie « Autonomie et différenciation » sur un plan général et « Affirmation de soi » sur le plan psychologique pour développer les qualités de dynamisme et de confiance en soi en évitant égoïsme, domination et agressivité.

Pour renforcer la signification de la vibration de ce premier prénom, on peut s'intéresser ensuite à la symbolique de sa lettre initiale qui donne la direction à cette énergie, soit A pour Alain.

Consultons le tableau de symbolique des lettres initiales (p. 159). Ce tableau nous dit que, par sa forme, le A invite à avoir la tête dans les étoiles, mais en gardant bien les pieds sur terre, et qu'il faut faire preuve d'initiative personnelle dans l'action.

Pour résumer, l'analyse du premier prénom d'Alain Larrive, nous apprend que son développement intérieur passe par l'affirmation de soi en cultivant les qualités de dynamisme et de confiance en soi. Enfin, le « A » nous précise qu'il doit faire preuve d'initiative personnelle en ayant la tête dans les étoiles, mais en gardant bien les pieds sur terre.

À votre tour, définissez votre développement intérieur avec vos données personnelles en consultant les tableaux correspondants (pp. 158-159) pour convertir les lettres de votre prénom en nombres :

1er prénom : ....
Ses nombres : ....
Réduction : ....
Sa vibration = ...
L'initiale de mon premier prénom est ....
J'écris ci-dessous le résultat de la consultation du tableau de signification générale des nombres : ....
Le principe ....
L'aspect psychologique ....
Je reporte la signification de l'initiale .... **de mon premier prénom trouvée dans l'annexe 3** ....
Forme ....
Qualité ....

Inscrivez la définition synthétique de votre développement intérieur en tenant compte de la vibration numérique de votre prénom et du symbolisme de son initiale.

Le deuxième prénom et l'affectif

Ce deuxième prénom symbolise l'affectif même s'il n'est pas employé dans le quotidien. Il représente un des modes importants de notre caractériologie, il définit ce qui nous touche et qui est marquant dans nos rapports avec l'autre ou avec les autres.

Le tableau d'interprétation qui vous est proposé vous présente les deux côtés, positifs et négatifs, pour chaque nombre réduit obtenu pour ce prénom. Suivant votre expérience et le retour de votre environnement familial ou professionnel, vous serez à même de sélectionner ce qui va bien pour vous et/ou ce qui touche encore votre affect. Ce deuxième prénom est là pour améliorer ou mieux comprendre votre rapport aux autres en prenant conscience des faiblesses qui peuvent le caractériser.

NB : dans le cas où l'on a qu'un seul prénom, on reprend le nombre réduit du premier prénom et l'on consulte ce tableau de la même manière que s'il s'agissait d'un deuxième prénom pour connaître son mode affectif.

1re phase : le calcul

Pour Alain Larrive, son deuxième prénom est :

R O B E R T
9 + 6 + 2 + 5 + 9 + 2 = 33. Réduction à l'unité **3 + 3 = 6**. La vibration du 2e prénom est : **6**.

Cette vibration **6** doit maintenant être interprétée en se reportant au tableau *Deuxième prénom et l'affectif* (annexe 4, pp. 161-162).

2e phase : l'interprétation

Ce tableau nous apprend que Robert en tant que 2e prénom signifie : « Je me sens responsable et je recherche la médiation, pour l'aspect positif ; je dois éviter toute tendance à l'irresponsabilité et à l'indécision, pour l'aspect négatif. »

Il est probable qu'Alain Larrive, qui doit s'affirmer dans son quotidien avec son premier prénom, doit également faire preuve de médiation dans ses rapports avec les autres et en ayant conscience de sa responsabilité dans la qualité de ses relations.

À votre tour de définir votre « affectif » avec vos données personnelles :

2e prénom : ....
Ses nombres : ....
Réduction : ....
Sa vibration : ....
J'écris le résultat de la consultation du tableau (annexe 4, pp. 161-162) :
L'aspect positif : ....
L'(es) aspect(s) négatifs : ....
Ecrivez ensuite la définition de votre affect en reprenant le côté positif lorsque c'est une qualité reconnue par les autres et mentionnez les aspects négatifs à éviter. ....

....

Le troisième prénom et les dons innés

Ce troisième prénom et éventuellement les suivants (ce qui est plus rare !) symbolisent la créativité et les dons dont l'Intelligence Universelle de Vie, nous a dotés. Cette créativité et ces dons viennent servir le développement intérieur et le rayonnement extérieur de chacun.

Ce troisième prénom est là pour vous indiquer les points forts de votre personnalité, pour vous aider à vous réaliser.

Le tableau d'interprétation qui vous est proposé vous présente la qualité portée par ce don pour chaque nombre réduit obtenu pour ce prénom.

N. B. : S'il n'y a pas de 3e prénom, mon identité ne révèle pas mes dons innés. Mais, il peut y en avoir quand même, ils pourront être déterminés page 53.

1re phase : le calcul

Pour Alain Larrive son troisième prénom est :

D A N I E L

4 + 1 + 5 + 9 + 5 + 3 = 27. Réduction à l'unité **2 + 7 = 9.** La vibration du 3e prénom est : **9.**

Cette vibration **9** doit maintenant être interprétée en se reportant au tableau *3e prénom : créativité ou dons* (annexe 5, p. 162).

2e phase : l'interprétation

Ce tableau nous apprend que Daniel, en tant que 3e prénom, signifie : « Ma psychologie et mon tempérament altruiste me mènent à la compassion pour tout être vivant. »

Comme nous l'avons vu avec ses premier et deuxième prénoms, Alain Larrive s'affirme dans son quotidien. Il doit faire preuve de diplomatie dans ses rapports aux autres tout en ayant conscience de sa responsabilité dans la qualité de ses relations. La vibration de son troisième prénom renforce les qualités de son développement intérieur, car il peut compter sur sa psychologie et son sens de l'altruisme pour s'accomplir pleinement et harmonieusement.

À votre tour de définir votre « créativité ou vos dons avec vos données personnelles » :

3e prénom : ....
Ses nombres : ....
Réduction : ....
Sa vibration = ...
Ecrivez le résultat de la consultation du tableau « 3e prénom : créativité ou dons » (annexe 5, p. 162) : ....

Mes dons : ....
Ecrivez ensuite la définition de mon ou mes dons. ....

....

MON RAYONNEMENT EXTÉRIEUR

L'héritage familial que l'Intelligence Universelle de Vie nous octroie en nous permettant de naître dans une famille, est symbolisé par la vibration du nom patronymique que l'on porte.

Cette vibration est comme un capital que nous avons à faire fructifier, à ennoblir pour le transmettre encore en progrès à notre descendance. Ce nom va résonner de nombreuses fois dans notre vie et, comme un mantra, il va nous accompagner tout au long de notre existence dans l'accomplissement de notre rayonnement extérieur.

Certains peuvent être rebutés par sa sonorité ou l'association qui peut être faite par les autres avec une expression commune homonyme. Beaucoup des souffrances vécues viennent des railleries scolaires prononcées par des enfants en mal de reconnaissance qui pensent s'assurer l'estime de leurs camarades en stigmatisant l'un des leurs.

Par exemple, si l'on regarde les noms de nos hommes politiques, comme ceux de messieurs Hollande ou Valls, on peut imaginer qu'ils ont dû faire l'objet d'associations d'idées peu flatteuses à l'école primaire, ce qui ne les a pas empêchés d'être élus à des postes à grandes responsabilités en France !

Pour illustrer ce propos, calculons le nombre réduit de l'un d'entre eux :

H O L L A N D E
8 + 6 + 3 + 3 + 1 + 5 + 4 + 5 = 35. Réduction : 3 + 5 = 8 la vibration est : 8.

Pour ce patronyme, le tableau de signification des nombres (annexe 2, p. 158) indique pour le 8 « Matérialité et Puissance » pour les principes et pour l'aspect psychologique les qualités à utiliser d'« Autorité et de Courage ».

La lettre initiale qui donne le sens de l'énergie du nom est H. Le tableau *Symbolique des lettres initiales* (annexe 3, p. 159) nous indique :

« Équilibre entre les valeurs matérielles et les valeurs spirituelles ».

On peut alors en déduire que le patronyme Hollande induit un rayonnement extérieur marqué par la matérialité et la puissance qui sous-tendent des qualités d'audace, d'autorité et de courage en conservant l'équilibre entre les valeurs matérielles et les valeurs spirituelles.

Cet exemple ne peut être considéré comme un jugement sur l'action de ce chef d'État encore au pouvoir à l'heure où sont écrites ces lignes. Simplement, il est intéressant de constater la cohérence du symbolisme des nombres avec les devoirs de la fonction présidentielle.

Chacun peut amener la vibration de son patronyme au zénith de son rayonnement ou à son crépuscule, le symbolisme des nombres permet d'en prendre conscience.

À votre crayon ! Déterminez maintenant le rayonnement extérieur de votre personnalité dans cette existence :

Votre nom : ....

Ses nombres : ....

Réduction : ....

Sa vibration : ....
Ecrivez le résultat de la consultation du tableau de signification des nombres (annexe 2, p. 158) : ....
Les principes : ....
Les qualités psychologiques associées : ....

....

La lettre initiale de mon nom est : ....
Ecrivez le résultat de la consultation du tableau *Symbolique des lettres initiales* (annexe 3, p. 159) : ....
Ecrivez la définition de votre rayonnement extérieur. ....

....

À ce stade, il est intéressant de synthétiser l'ensemble des informations constituées par le symbolisme de vos prénoms et nom pour en constater la cohérence et mesurer ce qui paraît correspondre à votre développement personnel actuel et peut-être les actions correctives à mener pour l'accomplissement de votre personnalité.

Mon 1er prénom, mon développement intérieur : ....
Mon affectif avec mon 2e prénom : ....
Mes dons avec mon 3e prénom : ....
Mon rayonnement extérieur : ....
Mes actions correctives éventuelles : ....
Evaluez si vous vous sentez en adéquation avec cette synthèse pour votre évolution : ...... %

Chapitre 3

Mon axe d'évolution et ses challenges

Le nombre, le son, la forme, le verbe sont des forces qui dérivent d'une seule et même puissance originelle de création.

F. et W. Servranx

Les nombres avec nos prénoms et notre nom nous ont révélé les objectifs à atteindre pour réaliser de manière optimale le développement de notre personnalité, tant dans sa construction intérieure que dans son rayonnement extérieur. L'axe d'évolution déterminé par notre date de naissance précise le chemin à parcourir pour atteindre ces objectifs. Il nous indique les moyens à mettre en œuvre pour notre épanouissement, tant dans les qualités à acquérir que les faiblesses à dépasser. De plus, les nombres qui constituent notre date de naissance nous montreront les challenges ou défis à relever dans ce parcours.

MA DATE DE NAISSANCE ME RÉVÈLE MON AXE D'ÉVOLUTION

1re phase : le calcul

Il est simple, on additionne le nombre du jour, du mois et de l'année verticalement et on réduit ensuite le résultat à l'unité : Alain Larrive est né le 23/04/1967.

Pour réduire à l'unité sa date de naissance, on pose l'opération d'addition comme suit :

$$\begin{array}{rrrrr} & & & 2 & 3 \\ + & & & & 4 \\ + & 1 & 9 & 6 & 7 \\ = & 1 & 9 & 9 & 4 \end{array}$$

On additionne le résultat 1+9+9+4 = 23. On réduit le résultat 2+3 = 5.

La vibration à retenir pour cette date de naissance est 5.
Cette vibration **5** doit maintenant être interprétée en se reportant au tableau *Axe d'évolution* (annexe 6, p. 163).

2e phase : l'interprétation

D'après le tableau, nous constatons que l'axe d'évolution d'Alain Larrive passe par le principe de « vivre l'échange dans la liberté et l'indépendance » en faisant preuve d'ouverture, d'écoute, de diplomatie, de souplesse, de sociabilité et d'adaptation. Pour réussir, il devra éviter, et si besoin dépasser, les problématiques de vantardise, de démagogie, de dissimulation, de calcul, d'inconstance et d'opportunisme.

Maintenant à votre tour pour votre date de naissance :

__ __
\+ __
\+ __ __ __ __
= ______

Additionnez le résultat __ +__ + __ + __ = __
Réduisez le résultat __ +__ = __
La vibration à retenir pour votre date de naissance est : ....

Consultez le tableau *Axe d'évolution* (annexe 6, p. 163) pour interpréter la vibration __ de ma date de naissance. Ecrivez le principe de votre axe d'évolution, les qualités pour réussir et une sélection des faiblesses qui vous concernent effectivement comme suit :

Mon axe d'évolution
Définition de l'axe : ....
Qualités à développer : ....
Faiblesses à éviter ou dépasser : ....

À la fin de cette partie, vous aurez la possibilité de mettre en perspective l'ensemble des paramètres qui cernent votre personnalité dans un tableau synthétique. Il reprendra l'intégralité des synthèses que vous aurez réalisées pour une lecture globale du sens souhaité par l'Intelligence Universelle de Vie pour l'accomplissement de votre personnalité.

LES CHALLENGES DE MON AXE D'ÉVOLUTION

Comme vous l'aurez compris, de nombreuses personnes peuvent avoir le même axe d'évolution, tout en ayant des dates de naissance différentes. Cependant, si elles ont à développer ou à utiliser les mêmes qualités pour leur axe d'évolution, elles peuvent avoir des défis ou des challenges différents à relever.

En comparant l'axe d'évolution à une symphonie musicale à jouer, on peut dire que chacun des membres de l'orchestre interprète la même création, mais avec une partition et un instrument de musique différents et avec des difficultés distinctes pour réussir.

Il est donc recommandé de ne pas tirer de conclusions hâtives de la comparaison entre deux personnes possédant le même axe d'évolution. Cette manière de faire ressort de la pratique de « l'étiquette » et est souvent réductrice, voire erronée.

Jusqu'à présent dans nos calculs nous avons utilisé l'addition et la réduction pour déterminer une vibration. Pour les challenges ou défis, nous serons amenés à utiliser la soustraction après réduction pour qualifier le défi.

Les challenges sont des schémas internes psychologiques dont il faut prendre conscience pour les dépasser et vivre ainsi la totalité de son potentiel. On peut en avoir de 1 à 3 suivant notre date de naissance.

1re phase : le calcul

Reprenons l'exemple d'Alain Larrive né le 23 avril 1967.
On écrit d'abord la date de naissance en nombre :
Jour de Naissance (JDN) : 2 3
Mois de naissance (MDN : 4
Année de naissance (ADN) : 1 9 6 7
Puis l'on dispose horizontalement ces nombres en commençant par le Mois, puis le Jour et enfin l'Année : MDN JDN ADN
4 23 1967
On procède à la réduction :
4 = 4 2 + 3 = 5 1 + 9 + 6 + 7 = 23 = 2 + 3 = 5
Nous obtenons 3 valeurs que nous retranchons entre elles comme suit :

4 – 5* 5 – 5
I____I I____I
= 1 = 0 1er et 2e challenges ou défis

Puis entre les deux résultats obtenus :

1 - 0*

I___I

= 1 3e challenge ou défi

Le calcul révèle pour Alain Larrive un seul challenge, le défi 1 que nous allons interpréter grâce au tableau des challenges ou défis (annexe 7, pp. 165-166).

Ce tableau précise « caractère impatient, agressif, contradictoire ». Alain Larrive doit prendre conscience de son challenge : acquérir la patience, avoir une communication apaisée et éviter un esprit de contradiction.

Il convient de préciser que le challenge ou défi ne constitue pas un jugement sur la personne, mais il fait office d'avertisseur pour éviter un travers probable du caractère qui peut être plus ou moins aigu suivant la personne concernée.

Chez certains, il sera à peine perceptible, chez d'autres, il sera très présent. En questionnant votre entourage, vous pourrez vous faire une idée de la force de sa présence dans votre état d'être.

Sans crainte, vous pouvez continuer à aller à la rencontre de vous-même en calculant vos défis ou challenges pour votre Axe d'évolution. Alors à votre crayon !

1re phase : le calcul

1re phase : le calcul
Votre mois de naissance en nombre (MDN) :
....................................Sa réduction : __+__=__
Votre jour de naissance en nombre (JDN) :
....................................Sa réduction : __+__=__
Votre année de naissance en nombre (ADN) :
....................................Sa réduction : __+__=__
Vous reportez les valeurs obtenues dans les 3 cases correspondantes et vous retranchez les valeurs entre elles. Puis vous reportez les 2 résultats dans les 2 cases dessous. Enfin, vous retrancher ces 2 résultats entre eux pour reporter la différence dans la dernière case.

MDN JDN ADN
I___I - I___I - I___I
I___I - I___I
I___I

Je reporte mes trois défis obtenus par soustraction dans l'ordre des résultats calculés.
1er défi = ___
2e défi = ___
3e défi = ___

2e phase : l'interprétation

Consultez le tableau des challenges ou défis (annexe 7, pp. 165-166) et reportez le constat et sa préconisation pour chaque challenge ; ajoutez en observation ceux que vous estimez avoir dépassé et ceux qui doivent encore faire l'objet de votre vigilance.

1er défi : le constat : ....
1er défi : la préconisation : ....
Observations : ....
2e défi : le constat : ....
2e défi : la préconisation : ....
Observations : ....
3e défi : le constat : ....
3e défi : la préconisation : ....
Observations : ....

Chapitre 4

Mes dons et mes problématiques innés

Le symbole donne du sens
et donc réduit la souffrance.

Georges Colleuil

L'intelligence Universelle de Vie ne nous dote pas tous des mêmes dons ou des mêmes problématiques et l'éducation parentale ou l'enseignement scolaire que nous avons reçus ne favorisent pas toujours la découverte de ces dons ou problématiques.

Le symbolisme des nombres individualisé de notre date de naissance peut nous révéler ou nous confirmer nos dons et nos problématiques innés.

Pour les décoder, nous emprunterons au grand érudit Pythagore, plus connu pour les théorèmes appris à l'école, sa combinaison de flèches et de grille (cette technique est tirée des recherches de Pierre Lassalle qui les a relatées dans son livre *La Numérologie Holistique*), afin de déterminer les dons ou les problématiques innés.

Il s'agit d'une grille, comportant neuf cases reproduites ci-dessous. On numérote chaque case de 1 à 9 en commençant par la case inférieure gauche et en terminant par la case supérieure droite de cette grille.

3	6	9
2	5	8
1	4	7

Cette grille va nous permettre d'inscrire chaque nombre individualisé de la date de naissance étudiée.

Ainsi pour notre exemple, celui d'Alain Larrive, sa date de naissance du 23 avril 1967 donne la suite de nombres ci-après : 2, 3, 4, 1, 9, 6, 7 que nous reportons sur cette grille en respectant la correspondance déterminée par la numérotation de chaque case.

3 3	**6** 6	**9** 9
2 2	5	8
1 1	**4** 4	**7** 7

Une fois le tableau complété par les nombres de la date de naissance, on repère **les séries par trois** des cases qui se suivent : soit lorsqu'elles sont complétées par les nombres de la date de naissance, soit lorsqu'elles sont vides en dehors de leur numérotation d'ordre. Il faut alors tracer des flèches pour relier ces cases dans le sens de leur numérotation. Ainsi ces flèches peuvent être :

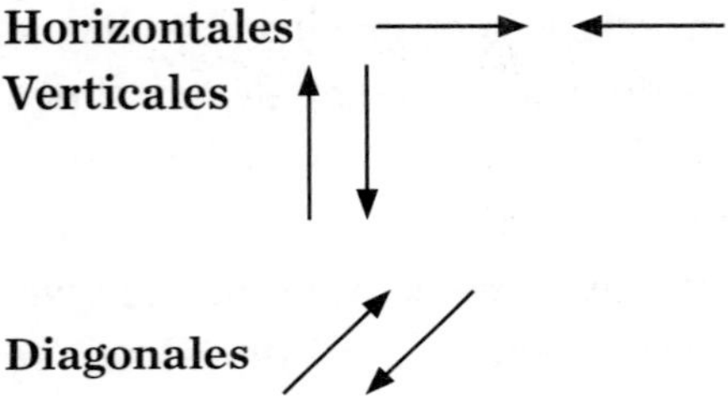

En reprenant l'exemple d'Alain Larrive, nous pouvons considérer la grille fléchée suivante :

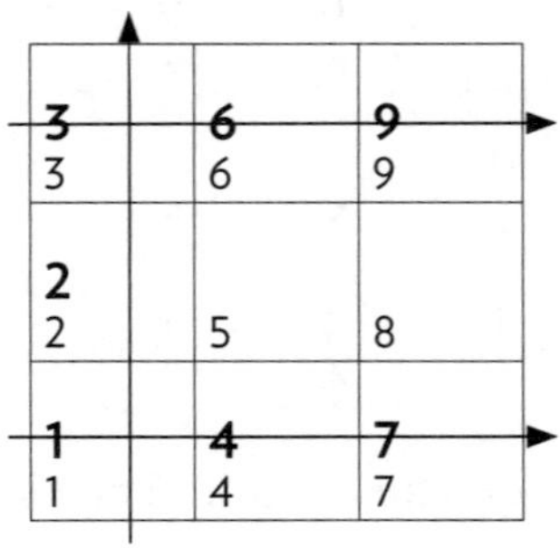

Nous obtenons :

- Aucune série de trois cases vides ;
- Trois séries de cases complétées ;
- Horizontalement : 1, 4, 7 et 3, 6, 9 ;
- Verticalement : 1, 2, 3.

AIDE POUR DÉCRYPTER LA GRILLE

› Les séries de trois cases vides symbolisent les problématiques innées ;
› Les séries de trois cases complétées représentent les dons innés ;
› On peut avoir le même nombre répété plusieurs fois dans la même case ;
› Ne pas oublier de considérer la grille dans ses diagonales montantes ou descendantes.

Avant de vous inviter à reprendre votre crayon, interprétons les trois suites fléchées d'Alain Larrive. L'application de la grille fléchée pour les nombres de sa date de naissance révèle les dons innés suivants repris dans le tableau *Dons et problématiques innés* (annexe 8, pp. 166-167) :
1, 2, 3 : organisation, méthode. Intuition et Inspiration.
1, 4, 7 : dextérité, adresse, ingéniosité.
3, 6, 9 : compréhension, intellect puissant, bon jugement.

Avec votre crayon, procédez aux opérations suivantes :
Ecrivez la suite des nombres de votre date de naissance dans les espaces pré tracés ci-après ;

__ __ __ __ __ __ __ __

▶ Reportez ces nombres l'un après l'autre dans la grille ci-dessous :

3	6	9
2	5	8
1	4	7

▶ Tracez les flèches qui peuvent relier trois cases vides qui se suivent ou trois cases complétées par les nombres de votre date de naissance.

Puis, avant de passer à l'interprétation, vous reportez éventuellement :

▶ Les suites de nombres complétées et fléchées qui constituent votre ou vos dons innés ;

___ ___ ___

___ ___ ___

___ ___ ___

▶ Les numéros d'ordre de la ou les suites des cases vides fléchées qui symbolisent votre ou vos problématiques innées.

___ ___ ___

___ ___ ___

___ ___ ___

Consultez le tableau en annexe 8, pp. 166-167 et retranscrivez les résultats comme suit :

Mes dons : ....

Mes problématiques : ....

Chapitre 5

Mes domaines essentiels et personnels à parfaire

Souvent dans l'être obscur habite un Dieu caché
et comme un œil naissant couvert
par ses paupières, un pur esprit
s'accroît sous l'écorce des pierres.

Gérard de Nerval, « Vers dorés », *Les Chimères*

Nous avons étudié dans les chapitres précédents vos noms et prénoms à partir des lettres converties en nombre qui les composent et votre date de naissance, pour dessiner l'identité et le parcours de votre personnalité souhaités par l'Intelligence Universelle de Vie :

- Vos noms et prénoms à partir des lettres qui les composent, converties en nombres ;
- Votre date de naissance, pour dessiner l'identité et le parcours de votre personnalité souhaités par l'Intelligence Universelle de Vie.

Pour trouver les domaines à parfaire, nous allons recenser les nombres manquants entre 1 et 9 pour les nombres correspondants aux lettres constituées par l'ensemble de vos prénoms et noms.

Chaque nombre véhicule un ensemble de qualités (se reporter au tableau *Signification générale et résonnance des nombres*, p. 158) lorsqu'un nombre de 1 à 9 est absent parmi les nombres de votre identité, cela révèle un domaine à parfaire différent des défis de votre axe d'évolution (p. 165). Il est possible que votre identité ne comporte pas de nombres manquants, dans ce cas vous n'êtes pas concerné(e) par ce chapitre. Si en revanche un ou plusieurs nombres sont manquants, ce chapitre vous permettra de déterminer le(s) domaine(s) à parfaire ou à rééquilibrer.

L'Intelligence Universelle de Vie, à travers les problématiques décelées, vous offre la possibilité de grandir et de transformer la problématique en qualité. Le travail sur vous qui s'en suivra fera de vous un être plus fort, plus heureux car mieux construit. Pour illustrer le processus de détermination des nombres manquants, nous allons reprendre l'exemple d'Alain Larrive.

1re phase : le calcul

Nous reprenons tous les prénoms et nom d'Alain Larrive avec la conversion de leurs lettres en nombre, cela nous donne :

ALAIN	ROBERT	DANIEL	LARRIVE
13195	**962592**	**415953**	**3199945**

On écrit la liste des nombres de 1 à 9 comme ci-dessous :
1, 2, 3, 4, 5, 6, 7, 8, 9

On coche tous les nombres présents sous les prénoms et nom de 1 à 9 en commençant par tous les 1, les 2 en suivant jusqu'à 9 et on coche

simultanément les nombres présents dans la liste de 1 à 9 pour être sûr de ne rien omettre :
~~13195 962592 415953 3199945~~

Puis on souligne les nombres manquants dans la suite des nombres de 1 à 9, ce qui donne :
~~1, 2, 3, 4, 5, 6,~~ 7, 8, **~~9~~**

Pour Alain Larrive, nous relevons donc deux nombres manquants : **7 et 8**.

2e phase : l'interprétation

Pour pouvoir connaître la signification des nombres manquants, il suffit de se reporter au tableau *Signification des nombres manquants* (annexe 9, p. 168). Que nous dit ce tableau pour les nombres **7 et 8** pour Alain Larrive ?

7 : Complexe d'infériorité. Ne fait pas confiance. Difficulté à trouver son originalité, à prendre sa place.

8 : Peut être soumis au pouvoir des autres. Doit clarifier ses vrais désirs et doit faire preuve de régularité avec l'argent.

À votre tour maintenant ! Tout d'abord réécrivez vos prénoms et noms dans les cartouches ci-dessous et convertissez les lettres en nombre sur la ligne au-dessous à l'aide de l'annexe 1, p. 157 :

I_____________I I_____________I

_____________ _____________

I_____________I I_________________I

_____________ _________________

Cochez systématiquement et simultanément les deux listes des nombres existants et soulignez ensuite les nombres manquants :

1, 2, 3, 4, 5, 6, 7, 8, 9

Reportez vos nombres manquants dans les cases ci-dessous :

☐ ☐ ☐ ☐

Vous allez passer maintenant à la phase d'interprétation de vos nombres manquants. Il **faut** préciser que les définitions correspondant à chaque nombre manquant ne vous concernent pas forcément dans leur intégralité. Il est important pour vous de discerner ce qui vous impacte effectivement. Il est possible suivant votre âge et votre expérience que vous ayez dépassé et même compensé ces problématiques par l'acquisition de leurs qualités opposées. À vous d'en juger et si un doute subsiste, l'avis d'un professionnel vous permettra de vous assurer de la bonne marche de votre développement personnel.

Reportez la signification de vos nombres manquants : ....

Chapitre 6

Mes capacités d'accomplissement

La vérité est comme la lumière du soleil.
Le hibou la fuit, l'aigle la regarde.
Oria, *L'Évangile de la colombe*

Pour terminer cette première partie *Les Nombres et Moi,* nous allons nous intéresser à la détermination de deux nombres pour synthétiser l'évolution de notre personnalité. Le premier caractérise la maturité nécessaire à notre évolution et le deuxième définit l'initiation souhaitable pour notre progression spirituelle.

Il est important de préciser que l'aspect spirituel de l'ascension d'une personne est à distinguer de l'aspect religieux des croyances.

Cet aspect concerne l'ouverture de notre esprit à la dimension Universelle de la Vie, associée à une compréhension humaniste de la place et du rôle de l'Homme dans l'Univers.

Penchons-nous d'abord sur le nombre de maturité. Il indique une leçon de vie à maîtriser à l'âge adulte (à partir de 29 ans et qu'il est souhaitable d'intégrer entre 40 ans et 50 ans). Il symbolise également une source d'énergie (ressource) qui peut alimenter le potentiel d'expression de capacités et de dons. Enfin, il montre la force de motivation qui anime notre être.

Ensuite, vous verrez comment déterminer votre nombre « d'initiation spirituelle » (le calcul, la définition et l'interprétation de ces deux nombres est tiré des recherches personnelles et du travail remarquable de Pierre Lassalle, relatés dans son livre *La Numérologie Holistique*), qui mettra en évidence ce à quoi la conscience individuelle est confrontée dans cette existence, pour un acquis supplémentaire à l'évolution globale de l'être.

LE NOMBRE DE MATURITÉ

Ce nombre est obtenu par l'addition du nombre réduit de chacun de vos prénoms, de votre nom de famille et de votre date de naissance. Bien entendu, pour vous conduire, nous allons reprendre l'exemple d'Alain Larrive.

A L A I N
1 + 3 + 1 + 9 + 5 = 19
Réduction 1 + 9 = 10 = 1 + 0 = 1 valeur 1

R O B E R T
9 + 6 + 2 + 5 + 9 + 2 = 33
Réduction 3 + 3 = 6 valeur 6

D A N I E L
4 +1 + 5 + 9 + 5 + 3 = 27
Réduction 2 + 7 = 9 valeur 9

L A R R I V E
3 + 1 + 9 + 9 + 9 + 4 + 5 = 40
Réduction 4 + 0 = 4 valeur 4

Né le :	23 +	
	4 +	
	1967 +	
	1994 =	23

Réduction 2 + 3 = 5	valeur 5
(+ les 4 valeurs p. 69) SOMME	________
Total =	25

Le nombre de maturité d'Alain Larrive est 7 après réduction à l'unité de 25(2+5).

NB : si pour le total des nombres réduits des prénoms, du nom et de la date de naissance vous obtenez 11 ou 22 ne réduisez pas ces deux valeurs, une rubrique particulière leur est dédiée dans l'annexe à consulter pour l'interprétation du nombre de maturité.

Consultons le tableau *Nombre de maturité* (annexe 10, pp. 169-170) pour trouver la signification du nombre 7 qui se rapporte à l'évolution d'Alain Larrive.

Ce tableau indique pour la leçon à intégrer : « Apprenez à mieux vous connaître et à trouver la paix en vous. Recherchez le sens caché des choses » et pour la ressource : « Vous avez la capacité de méditer et de développer votre évolution spirituelle et même d'utiliser vos qualités d'auteur pour des sujets ésotériques ou spirituels. »

A présent, à votre tour de calculer votre nombre de maturité. Reportez-vous utilement aux pages 23-24 pour récupérer les calculs personnels de votre identité complète ainsi que ceux de votre date de naissance afin de calculer directement les valeurs réduites dans la grille qui suit.

Si vous avez déjà le « virus » des nombres ou que vous souhaitiez vérifier vos premiers calculs, réécrivez tout en lettres, convertissez-les en nombres, faites les additions horizontales, réduisez le total pour obtenir la valeur définitive de chaque élément. Et enfin, procédez à l'addition verticale pour déterminer votre nombre de maturité après une dernière réduction du total obtenu.

La grille de présentation ci-dessous va faciliter votre recherche.

1er prénom : ....

Ses nombres : ....

Réduction : ....

Sa vibration = ...

2e prénom : ....
Ses nombres : ....
Réduction : ....
Sa vibration = ...

3e prénom : ....
Ses nombres : ....
Réduction : ....
Sa vibration = ...

Votre nom : ....
Ses nombres : ....
Réduction : ....
Sa vibration = ...

Pour votre date de naissance :
JDN __
MDN __
ADN __
____
Total ___ On additionne le résultat __ +__ +__ +__ = __ On réduit le résultat __+__ = ... __

Total vertical des valeurs réduites de chaque élément : ....
Réduction à l'unité __+__et vous obtenez votre nombre de maturité : __

Pour l'interpréter, reportez-vous au tableau *Nombre de maturité* pp. 169-170 et notez l'essentiel de la définition qui vous correspond.

LE NOMBRE D'INITIATION SPIRITUELLE

Ce nombre est obtenu par l'addition :
- du nombre réduit de chacun de vos prénoms et de votre nom ;
- du nombre réduit de votre date de naissance ;
- du nombre réduit des voyelles de chacun de vos prénoms et de votre nom ;
- du nombre seul du jour de votre date de naissance (JDN).

Comme pour le nombre de maturité, nous allons conduire votre recherche pas à pas avec des grilles de présentation prétracées. Mais d'abord pour bien comprendre le calcul, reprenons l'exemple d'Alain Larrive.

▶ Nombre réduit de son identité complète que nous récupérons dans le calcul du nombre de maturité (p. 69), soit : 1 + 6 + 9 + 4 = 20. Réduction 2 + 0 = 2 2

▶ Nombre réduit de sa date de naissance repris p. 70 : 5

▶ Nombre réduit des voyelles de son identité :

A L A I N
1 + 1 + 9 = 11 Réduction : 1 + 1= 2 Valeur : 2

R O B E R T
6 + 5 = 11 Réduction : 1 + 1 = 2 Valeur : 2

D A N I E L
1 + 9 +5 = 15 Réduction : 1 + 5 = 6 Valeur : 6

L A R R I V E
1 + 9 + 5 = 15 Réduction : 1 + 5 = 6 Valeur : 6

Somme verticale ________

Total = 16

Le total réduit des voyelles de son identité :
1 + 6= 7. 7

▶ Son jour de naissance : 23

____

Total vertical de ces quatre valeurs réduites :
37

Soit après réduction : 3 + 7 = 10, puis 1 + 0 = 1
Nous obtenons un nombre d'initiation spirituelle pour Alain Larrive de valeur 1.

Le tableau *Nombre d'initiation spirituelle* (annexe 11, p. 171) nous précise pour Alain Larrive que son initiation passe par l'acquis supplémentaire suivant : « Apprendre à s'individualiser, à s'affirmer, à créer, à développer sa volonté et son ambition, à devenir un leader. »

L'ÉTUDE PERSONNELLE DE VOTRE NOMBRE D'INITIATION

Nombre réduit de votre identité complète que vous pouvez récupérer dans le calcul de votre nombre de maturité à la page 72, soit :
__+__+__+__ = __ réduction __+__= __ __ ____
Nombre réduit de votre date de naissance repris page 72 : ....
Nombre réduit des voyelles seules de votre identité :
______________ 1er prénom
______________ = __Réduction _+_= _valeur __
______________ 2e prénom
______________ = __Réduction _+_= _valeur __
______________ 3e prénom
______________ = __Réduction _+_= _valeur __
______________ Nom
______________ = __Réduction _+_= _valeur __

Somme verticale ________
Total = ____
Le total réduit des voyelles de votre identité
__+__= ______
Votre jour de naissance : ____
Total vertical de ces 4 valeurs : ____
Soit après réduction _+_=__

NB : si avant réduction vous obtenez 11, 22, 33, 44, ne réduisez pas le total de ces quatre valeurs, une rubrique particulière leur est dédiée, voir tableau pp. 171-172.

Vous obtenez votre nombre d'initiation spirituelle de valeur ___ que vous pouvez interpréter en consultant le tableau *Nombre d'initiation spirituelle* pp. 171-172, reportez-en la définition.

Pour avoir une vision synthétique de toutes les recherches et interprétations que vous avez conduites dans cette première partie, nous vous proposons de les transcrire dans le récapitulatif ci-après :

Synthèse de l'ensemble des nombres qui caractérisent ma personne

Mon développement intérieur avec mon 1er prénom : ....

....

Mon affectif avec mon 2e prénom : ....

....

Mes dons avec mon 3e prénom : ....

....

Mon rayonnement extérieur avec mon nom : ....

....

Mon axe d'évolution, p. 72 : ....

....

Challenge n° 1 de mon axe d'évolution : ....

....

Challenge n° 2 de mon axe d'évolution : ....

....

Challenge n° 3 de mon axe d'évolution : ....

....

Mes dons innés : ....

....

Mes problématiques innées : ....

....

Mes nombres manquants (domaines à parfaire) : ....

....

Mon nombre de maturité : ....

....

Mon nombre d'initiation spirituelle : ....

....

2

LES NOMBRES DANS MON QUOTIDIEN

Chapitre 1

Mon nombre fétiche, sa signification

Nous sommes ce que nous pensons.
Avec nos pensées, nous bâtissons notre monde.

Bouddha

MON NOMBRE FÉTICHE

Il arrive fréquemment dans notre quotidien que nous soyons marqués par un nombre de manière répétitive. Pour certains d'entre nous, il nous suit depuis notre adolescence et accompagne des événements heureux. Intuitivement, chaque fois qu'il apparaît, nous avons l'impression qu'il nous protège, qu'il est annonciateur de chance ou encore qu'il souligne une réussite.

Sa répétitivité nous installe dans une croyance qui lui confère un gage d'authenticité sur l'effet bénéfique pour nous de sa présence. Nous avons tendance alors à en faire un fétiche, qui, lorsqu'il nous fait défaut, déclenche une crainte et là, nous touchons à une forme de superstition qui devient limitative et porteuse de pensées négatives.

Le nombre, comme la plupart des symboles, est un signe porteur de sens, sa présence est là pour nous avertir, nous guider, nous amener à prendre de la hauteur dans notre réflexion et avoir une vision globale des problèmes que nous rencontrons ou des choix que nous avons à faire.

Lorsqu'un nombre ou une suite de nombres se répète par exemple dans nos rêves, quand nous regardons l'heure, quand on nous attribue une chambre d'hôtel, un numéro de place, lorsque nous portons un dossard, quand nous prenons une ligne de bus, de métro ou encore lorsque nous prenons connaissance de l'horaire d'un train ou d'un avion, d'un numéro de téléphone, d'une adresse nous devons nous interroger sur le sens de l'information que véhicule ce nombre. Ce phénomène répétitif est appelé la synchronicité.

Jung (Carl Gustav Jung (1875-1961), penseur influent fondateur de la psychologie analytique) a vécu l'expérience de plusieurs synchronicités numériques durant son existence. Il pensait que les nombres « *représentaient un archétype de l'ordre visible à la conscience* » (*Les 7 secrets de la synchronicité*, Trish et Rob Mc Gregor Ed. Le Dauphin Blanc).

Pour notre part, nous sommes amenés à penser que l'Intelligence Universelle de Vie s'associe à notre inconscient pour nous permettre de vivre des phénomènes de synchronicité propres à éclairer nos choix.

C'est donc dans cet esprit que nous allons entrer dans le vif du sujet et vous permettre de décoder les phénomènes de synchronicité numérique que vous pourriez vivre. Bien entendu, les informations suivantes vous donnent une idée générale de la signification de cette synchronicité. Cependant, en cas de suite de nombres complexes, il sera avisé de consulter un numérologue qui pourra traiter la spécificité de votre synchronicité en faisant des liens explicites avec votre thème numérologique.

MA SYNCHRONICITÉ NUMÉRIQUE

Avant de vous reporter au tableau *Synchronicité numérique* (annexe 12, pp. 172-173), il faut distinguer deux grands types de synchronicité numérique :

- celle qui est représentée par un seul nombre de 1 à 9 et qui peut être décodée en lecture directe ;
- celle qui fait l'objet d'un nombre à plusieurs chiffres qu'il faut réduire à l'unité par l'addition des chiffres qui la compose.

Exemple classique avec réduction :

Je constate la répétition de la suite **8 7 5**.
Je procède à l'addition de ces trois chiffres : 8 + 7 + 5 = 20. Réduction : 2 + 0 = 2.

Pour cet exemple, le nombre à retenir est 2. Je consulte le tableau *Synchronicité numérique* (pp. 172-173) qui me donne la signification suivante pour le nombre 2 : « Votre sensibilité, votre écoute et votre douceur sont les atouts maîtres de votre accomplissement. »

Exemples sans réduction :

Pour la suite **7 9 6**
J'additionne ces trois nombres : 7 + 9 + 6 = 22
Je ne réduis pas ce total.

Pour cette suite, le nombre à retenir est 22. Je consulte le tableau *Synchronicité numérique* qui me donne la signification suivante pour le nombre 22 : « Mettez votre créativité et votre savoir-faire au service du collectif. »

Pour **1 3 7**
L'addition donne : 1 + 3 + 7 = 11. Je ne réduis pas ce total.

Pour cette suite, le nombre à retenir est 11. Je consulte le tableau *Synchronicité numérique* (pp. 172-173) qui me donne la signification suivante pour le nombre 11 : « Soyez à l'écoute de votre Inconscient en développant votre intuition et votre inspiration. Mettez votre force morale au service de votre éthique. »

Pour bien prendre en compte le message de ce phénomène de synchronicité, il peut être intéressant pour vous de voir s'il correspond à l'un des nombres qui caractérise votre personnalité comme vous l'avez défini dans le chapitre précédent.

S'il est identique à l'un des nombres qui déterminent votre personnalité (p. 77), c'est que l'Intelligence Universelle de Vie avec votre inconscient vous demande de veiller à développer particulièrement les qualités que ce nombre symbolise.

Pour notre exemple, Alain Larrive, il vit la synchronicité de la suite suivante :

« 9 9 9 6 » soit 9 + 9 + 9 + 6 = 33, qui ne doit pas être réduit.

En analysant son « Développement intérieur » son deuxième prénom, Robert (p. 33), qui symbolise son affectif, se convertit en nombre par une vibration 33 avant réduction à 6. Robert signifie : « Je me sens responsable et je recherche la médiation dans mes relations. »

Sa synchronicité numérique dont le total est 33 se décode par : « Utilisez votre compétence pour soigner, guider, enseigner les autres. » On voit ainsi ici que l'Intelligence Universelle de Vie le pousse non seulement avec son 2e prénom à avoir un comportement responsable dans sa relation avec les autres, mais en plus à mettre ses compétences à leur service.

On mesure ainsi toute l'importance que revêt la répétition des signes que sont les synchronicités numériques.

Si vous avez lu ce chapitre jusqu'ici c'est que vous êtes probablement concerné(e) par un phénomène de cet ordre. Inscrivez comme ci-dessous le nombre ou la suite de nombre qui vous marque. Si le nombre est unique, consultez le tableau *Synchronicité numérique* (pp. 172-173) et reportez sa signification.

Votre synchronicité numérique est constituée d'une suite de nombre, vous pouvez la reporter ci-dessous, l'additionner et la réduire :

___ + ___ + ___ + ___= _____________* **Je réduis**
___ + ___ = ____
***Si le total est 11, 22, 33, 44, je ne réduis pas.**

Je reporte ci-après le nombre que je retiens : ____ et je l'interprète grâce au tableau *Synchronicité numérique* en annexe 12 pp. 172-173 et j'écris sa signification.

Une fois votre synchronicité numérique définie, il vous reste à vérifier si sa valeur numérique ne figure pas déjà dans les précédents paramètres obtenus, pour faire des liens entre vos nombres et cette synchronicité.

Si vous trouvez une ou plusieurs fois la même valeur parmi les nombres qui définissent votre personnalité, reportez ces valeurs et leur définition dans le prétracé de synthèse qui suit :

____ définition de ma synchronicité : ....

....

____ définition de mon .... **de même valeur :** ....

....

____ définition de mon .... **de même valeur :** ....

....

Je fais la synthèse en clarifiant, à l'aide de mes nombres personnels, ce que me demande L'Intelligence Universelle de Vie avec ma synchronicité numérique : ....

....

....

Chapitre 2

Me guider dans mes choix importants

Le flot d'abondance vous est ouvert, tant que vous demeurez vrai avec vous-même en suivant vos intuitions, particulièrement lorsqu'elles vous incitent à faire des changements sains.

Doreen Virtue, Les Nombres des Anges, séquence numérique 568

Au cours de notre existence, nous sommes appelés à remettre en question le bien fondé de notre profession ou de notre activité, soit parce qu'elle ne correspond pas à nos aspirations profondes, soit en raison de sa pénibilité, de sa routine ou encore de la hauteur de sa rémunération. Ou bien on peut chercher à mieux s'épanouir ou encore à s'affranchir de la pression du monde du travail ou des affaires. Il arrive aussi pour ceux qui sont à l'âge dit de la retraite de se demander comment ils peuvent être utiles.

De même pour nos loisirs, il peut nous arriver de nous demander quelle(s) activité(s) est ou sont le(s) mieux adaptée(s) à l'épanouissement harmonieux de notre personnalité.

Les nombres qui nous caractérisent véhiculent des informations susceptibles de guider nos choix pour orienter notre décision dans le sens le plus conforme aux aspirations de notre être profond. Le conditionnement de notre éducation ainsi que l'influence de notre entourage familial ou social nous orientent souvent vers une activité plus qu'une autre. Le caractère alimentaire ou le positionnement social nous oblige aussi parfois à choisir telle ou telle voie.

C'est ainsi que nous avons pris le chemin dicté par notre raison plutôt que la direction indiquée par notre intuition, que nous ayons été ou non à son écoute. Un des avantages des nombres, grâce à la force de leur symbolisme, est de justement vous permettre de renforcer votre capital intuitif sans pour autant remettre en cause la partie rationnelle de votre pensée. Les nombres permettent à celle-ci de lui rendre sa juste place.

Le nombre que nous allons prendre en compte pour déterminer les métiers ou les activités les plus favorables à votre personnalité correspond à la somme des valeurs numériques de l'ensemble des lettres de vos prénoms et nom qui, bien sûr comme à l'accoutumée, fera l'objet d'une réduction, sauf si vous obtenez 11, 22, 33 ou 44.

C'est un type de calcul que nous avons déjà utilisé précédemment et que vous commencez maintenant à maîtriser. Néanmoins, reprenons l'exemple d'Alain Larrive pour vous remettre le principe en mémoire.

1RE PHASE : LE CALCUL

Les noms Alain Robert Daniel Larrive constituent l'intégralité de son identité. Nous allons convertir chacune des lettres en nombres pour chaque prénom et nom horizontalement.

Puis, nous additionnerons entre eux chaque résultat obtenu verticalement. Enfin, nous procéderons à une réduction du total général jusqu'à obtenir une valeur à 2 chiffres, puis si le résultat est différent de 11, 22, 33 ou 44, nous réduirons à l'unité.

A L A I N
1 + 3 + 1 + 9 + 5 Total = 19

R O B E R T
9 + 6 + 2 + 5 + 9 + 2 Total = 33

D A N I E L
4 + 1 + 5 + 9 + 5 + 3 Total = 27

L A R R I V E
3 + 1 + 9 + 9 + 9 + 4 + 5 Total = 40

TOTAL VERTICAL 119
1re réduction 1 + 1 + 9 = 11

Dans le cas d'Alain Larrive, nous ne pratiquons pas de réduction à l'unité et nous conservons la valeur numérique 11 pour déterminer les métiers ou les activités les plus favorables à l'accomplissement de sa personnalité.

Maintenant, vous pouvez effectuer les calculs vous concernant comme suit :

1er prénom ……………………………………
Nombres ……………………… **Total =** …………
2e prénom ……………………………………
Nombres ……………………… **Total =** …………
3e prénom ……………………………………
Nombres ……………………… **Total =** …………
Nom ……………………………………………
Nombres ……………………… **Total =** …………
Total vertical ………………………………
1re réduction __ + __ + __ = __
2e réduction à l'Unité si le résultat obtenu est différent de 11, 22, 33 report __+__ = _
La valeur numérique à retenir pour moi est :

2E PHASE : L'INTERPRÉTATION

Dans le tableau *Orientation métiers et activités* (annexe 13, pp. 173-174), vous pourrez cibler à l'aide du résultat obtenu quels sont les métiers ou activités les plus favorables à l'accomplissement de votre personnalité. Vous pourrez les transcrire dans le tableau de synthèse qui termine ce chapitre.

Pour Alain Larrive, nous avons obtenu la valeur 11 qui se traduit comme suit :

- les domaines qui lui sont favorables : initiative et invention scientifique, techniques, accueil et communication et sciences parallèles.
- Les métiers possibles pour lui : chercheur médical, psycho-sociologue, astronome, informaticien, ingénieur en télécommunication, ingénieur du son, enseignant, formateur, organisateur de spectacles, responsable des relations publiques, médium, magnétiseur, parapsychologue.

Synthèse des orientations favorables pour votre activité

Domaines : ....

Métiers : ....

Activités/loisirs : ....

Il convient d'ajouter que vos nombres montrent une orientation favorable pour votre personnalité, mais que votre décision de changement, s'il y a lieu, doit également s'appuyer sur d'autres critères qui peuvent être développés par des professionnels de l'orientation qui prennent également en compte des données actualisées de conjoncture économique.

Chapitre 3

Pourquoi mon pays, ma ville, mon adresse, mon code postal ?

Les circonstances de votre vie vous forcent à faire des changements qui apporteront ultimement de grands bienfaits à vous et à vos êtres chers.

Doreen Virtue, *Les Nombres des Anges*, séquence numérique 565

Est-ce le fruit du hasard si nous naissons dans un pays plutôt qu'un autre ? De même, nos parents, notre lignée sont-ils le fruit du même hasard ? Si nous sommes contents de nos parents, nous avons tendance à dire que nous avons de la chance, mais si notre enfance a été difficile, nous n'hésitons pas à dire que ce même hasard procède d'une loterie qui n'a pas de sens pour nous ou même que le sort (autre nom donné au hasard) s'acharne sur nous.

Pour notre pays, nous pouvons lui trouver des avantages, mais souvent nous avons l'impression que c'est mieux ailleurs, que ce soit pour des raisons politiques, économiques, de situation géographique ou d'environnement humain et même de tradition locale.

Les nombres peuvent nous renseigner sur le sens profond de la direction donnée à notre existence par l'Intelligence Universelle de Vie. Que ce soit pour nos parents, notre pays, notre ville, notre adresse, les nombres vont nous révéler le sens caché des choses, car nous avons à apprendre de toutes les réalités que nous rencontrons sur notre chemin. En effet, la problématique dont nous nous plaignons est un révélateur ou un miroir de nos difficultés personnelles à dépasser. En cela, chaque circonstance ou situation de nos lieux de vie recèle d'une leçon profitable pour l'accomplissement de notre personnalité.

LE PAYS

Chaque pays possède une valeur numérique qui indique la ou les qualités que son sol, son histoire ou sa situation permet d'acquérir lorsque l'on y vit pendant une période suffisamment longue pour pouvoir s'en imprégner. Cela signifie que la plupart des êtres qui s'incarnent dans un pays doivent apprendre et intégrer les valeurs qu'il véhicule, car ils en sont dépourvus au départ. Quelques exemples vont illustrer cette explication. Mais avant de les considérer, nous allons déterminer le mode de calcul. Il résulte de la conversion en nombres des lettres qui compose le nom du pays en français.

Exemples

F R A N C E
6 + 9 + 1 + 5 + 3 + 5 = 29
Réduction 2 + 9 = 11 (nombre que je conserve tel quel)

A N G L E T E R R E
1 + 5 + 7 + 3 + 5 + 2 + 5 + 9 + 9 + 5 = 51
Réduction 5 + 1 = 6

A L L E M A G N E
1 + 3 + 3 + 5 + 4 + 1 + 7 + 5 + 5 = 34
Réduction 3 + 4 = 7

H O L L A N D E
8 + 6 + 3 + 3 + 1 + 5 + 4 + 5 = 35
Réduction 3 + 5 = 8

A U T R I C H E
1 + 3 + 2 + 9 + 9 + 3 + 8 + 5 = 40
Réduction 4 + 0 = 4

Dans chaque pays, la population qui l'habite apprend collectivement les qualités du nombre qui le caractérise.

Ainsi, les habitants de la France, de l'Italie et des États-Unis doivent acquérir les qualités du 11 qui sont la Force morale et l'Éthique.

Les habitants de l'Angleterre, les qualités du 6, qui sont l'Amour, l'Harmonie et la Responsabilité.

Ceux de l'Allemagne, celles du 7 qui sont la Foi, la Sagesse et l'Introspection.

Quand votre vie vous a amené à habiter plusieurs pays successivement pour des durées significatives de plusieurs années, vous pouvez considérer en calculant l'énergie de chacun d'eux quelles sont les leçons consécutives que vous êtes venus apprendre ou réviser dans chacun d'eux.

Voici quelques cadres prétracés pour vous faciliter vos calculs :

Nom du pays __ __ __ __ __ __ __ __ __ __ __

Nombres __+__+__+ __ +__+ __+ __+ __+__ +__

+__ +__ =__ **Réduction** __+__=__

Nom du pays __ __ __ __ __ __ __ __ __ __ __ __

Nombres __+__+__+ __ +__+ __+ __+ __+__ +__

+__ +__ =__ **Réduction** __+__=__

Nom du pays __ __ __ __ __ __ __ __ __ __ __ __

Nombres __+__+__+ __ +__+ __+ __+ __+__ +__

+__ +__ =__ **Réduction** __+__=__

Pour interpréter le résultat de vos calculs, il suffit de vous reporter au tableau *Leçons de pays et de ville* (annexe 14, p. 176) pour lire la définition correspondant à chaque nombre puis reportez dans les lignes de synthèse ci-dessous.

Leçon(s) de(s) pays habité(s)
1er pays ____________________
2e pays ____________________
3e pays ____________________

LA VILLE

Votre ville de résidence est aussi un élément de la compréhension de votre parcours d'évolution.

Les habitants d'une même commune intègrent généralement les qualités du nombre correspondant au nom de la ville. Le principe de calcul est le même que pour le pays.

Exemples

L Y O N
3 + 7 + 6 + 5 = 21
Réduction 2 + 1 = 3

M A R S E I L L E
4 + 1 + 9 + 1 + 5 + 9 + 3 + 3 + 5 = 40
Réduction 4 + 0 = 4

Bien entendu, si vous avez habité plusieurs villes de manière significative pendant plusieurs années, il est intéressant pour vous de prendre connaissance de l'influence de ces villes dans votre parcours.

Complétez ci-dessous avec les lettres et les nombres relevés puis faites vos calculs :

Nom de ville __ __ __ __ __ __ __ __ __ __ __ __
Nombres..... __+__+__+ __ +__+ __+ __+ __+__
+__ +__ +__ = **Réduction** __+__=__
Nom de ville __ __ __ __ __ __ __ __ __ __ __ __
Nombres..... __+__+__+ __ +__+ __+ __+ __+__
+__ +__ +__ = **Réduction** __+__=__
Nom de ville __ __ __ __ __ __ __ __ __ __ __ __
Nombres..... __+__+__+ __ +__+ __+ __+ __+__
+__ +__ +__ = **Réduction** __+__=__

Pour interpréter cette influence, il suffit de vous reporter au tableau *Leçons de pays et de Ville* (annexe 14, p. 176) et de reporter ces informations sur les grilles de calcul comme ci-dessous, avec la vibration numérique ____ correspondant à chaque ville.

Leçon(s) de(s) villes habitée(s)
___ 1re ville ________________
___ 2e ville _________________
___ 3e ville _________________

MON ADRESSE

Nous avons vu jusqu'à présent l'influence de la vibration du pays, puis celle de la ville. Il convient de noter que plus on s'approche du lieu géographique précis de votre habitation, plus l'influence des nombres qui en découlent est importante pour vous.

Il s'agit essentiellement de l'appellation de la voie où vous demeurez ainsi que du numéro d'ordre dans la rue ou le chemin qui est attaché à votre résidence. Selon Pierre Lassalle (voir référence p. 156), astrologue et numérologue, « *on n'habite pas par hasard une adresse. Les expériences que l'on y vit sont en analogie avec la vibration du lieu* » qui est qualifiée par le nombre qui lui correspond. Nous allons donc nous intéresser au numéro de la rue, ainsi qu'à son nom transformé en nombre. Le nom de la rue va concerner collectivement tous les habitants de cette rue et de manière plus ciblée tous ceux qui habitent le même numéro.

Exemple

Alain Larrive habite au 72, boulevard Amadeus Mozart.

Je commence par le numéro 72 que je réduis 7 + 2 = 9. Je garde la vibration 9 pour l'interprétation.

Je convertis Amadeus Mozart en nombre sans prendre en compte le type de voie :

A M A D E U S M O Z A R T
1 + 4 + 1 + 4 + 5 + 3 + 1 + 4 + 6 + 8 + 1 + 9 + 2 = 49.
Je réduis 4 + 9 = 13. Je réduis encore 1 + 3 = 4.

Tous les habitants du boulevard sont sous l'influence du 4 et Alain Larrive qui habite au 9 est aussi sous l'influence encore plus prépondérante du 9 et ce personnellement au numéro qu'il est seul à habiter.

À votre tour, notez :
Le numéro de la voie où vous habitez : ....
__ +__+ __+ __ = __ __ Réduction si nécessaire
__+__ = __ réduction si nécessaire __+__= « __ »

Le nom de la rue :

S'il s'agit d'un personnage, vous prenez l'intégralité de l'appellation de la rue sans la mention du type de voie (boulevard, chemin, rue, impasse, etc.) exemple : rue Antoine de Saint-Exupéry vous prenez en compte « Antoine de Saint-Exupéry ».

S'il s'agit d'une appellation de direction : rue la Gare, ou rue du Fleuve, vous ne retenez que « gare » ou « fleuve ».

S'il s'agit d'une date : rue du 11 novembre vous retenez « 11 novembre » et vous ajoutez les nombres de la date aux nombres des lettres du mois.

Nom de rue ....
Nombres __+__+__+ __ +__+ __+ __+ __+__ +__
+__ +__ +__+__+ __ +__+ __+ __+ __+__ =
Total obtenu = __ __ Réduction __+__=__
Réduction __+__=__

Pour l'interprétation de votre numéro de rue, vous vous reportez au tableau *Influence du numéro de rue* à l'annexe 15, p. 177.

En ce qui concerne l'influence du nom de votre rue, c'est l'annexe 16 *Influence nom de rue* (p. 178) qui vous donnera l'interprétation possible pour sa vibration numérique.

Si vous habitez une grande métropole, le numéro d'arrondissement a également une influence, certes moindre que celle de l'adresse, mais plus importante que celle de la vibration numérique du nom de votre ville. Elle concerne également l'ensemble des habitants de ce même arrondissement. Pour l'interpréter, il vous suffit de vous reporter au tableau *Leçons de pays et de ville* (p. 176).

Dans la synthèse prévue qui suit, écrivez les définitions de l'interprétation de votre numéro de rue avec celle de la vibration numérique du nom de votre rue et établissez ainsi le lien entre ces deux influences pour votre évolution personnelle.

☐ **Numéro réduit de ma rue**
Définition : ...

☐ **Vibration numérique du nom de ma rue**
Définition : ...

☐ **Éventuellement mon numéro d'arrondissement**
Définition : ...

MON CODE POSTAL

Le code postal, composé de l'identifiant du département de résidence pour deux nombres, et de trois autres nombres pour déterminer la localisation du bureau de poste distributeur, sa symbolique numérique peut être assimilée au type de correspondance écrite et postée qu'il est souhaitable d'échanger essentiellement.

Bien sûr l'influence du code postal est beaucoup moins importante que celle du numéro de votre rue pour l'évolution de votre personnalité, mais il est intéressant de le rapprocher du type de correspondance souhaitable que vous êtes amené à rédiger et à recevoir en réponse.

Reprenons l'exemple d'Alain Larrive : nous avons vu qu'il habite au numéro 72 de l'avenue Mozart. Il convient maintenant de préciser qu'il habite la commune de Villecomble dont le numéro de code postal est **45 980**.

Pour prendre connaissance de l'influence de son code postal sur sa correspondance nous allons réduire ce code comme suit :

4 + 5 + 9 + 8 + 0 = 26, que nous réduisons à nouveau **2 + 6 = 8.**

En consultant l'annexe 17 p. 179, intitulée *Correspondance du code postal,* nous avons la définition suivante pour le nombre 8 : « Correspondance centrée sur le commerce, l'entreprise ou les affaires pour les aspects matériels de la Vie. »

A votre tour de calculer la vibration numérique de votre code postal et de déterminer son interprétation comme suit :

__ + __ + __ + __ + __ = __ **Réduction :** ___

Consultez le tableau *Correspondance du code postal* (p. 179). Écrivez la définition correspondante à la vibration numérique calculée.

Chapitre 4

Quelle est la destination symbolique de mon véhicule ? De mon téléphone fixe ou cellulaire ?

Tout succès et réussite repose sur l'étude des Lettres et des Nombres.
Tarot numérique au quotidien,
Colette Silvestre-Haéberlé
et Jean-Daniel Fermier, Ed. Grancher

Voilà deux outils que la plupart d'entre nous utilisent quotidiennement. Sont-ils des productions matérielles inertes et sans signification dans notre évolution ?

Le fait que nous leur attribuions une suite de nombre pour les « identifier », les reconnaître ou même les utiliser, en font des outils « animés » que nous personnalisons par notre manière de les considérer pour les services qu'ils nous rendent.

Comme nous l'avons vu dans les chapitres précédents, ce que nous appelons le hasard n'est qu'une manière de nommer la volition de l'Intelligence Universelle de Vie pour l'épanouissement de notre évolution.

Que se cache-t-il subtilement derrière les nombres de notre numéro de téléphone ou de la plaque minéralogique de notre voiture ?

Nous allons le décoder ensemble à travers les lettres et/ou les nombres attribués à ces deux outils : de communication pour le téléphone fixe ou portable, et de déplacement ou de transport pour le véhicule automobile, moto ou scooter lorsqu'ils sont immatriculés.

Si d'aventure on n'a pas de véhicule personnel, on pourra également retenir :

- le numéro de la ligne de métro, de RER ou de bus que l'on emprunte le plus régulièrement ;
- le numéro du train de la SNCF ou TER s'il fait partie de notre trajet jusqu'à notre lieu de travail par exemple.

MON OU MES NUMÉROS DE TÉLÉPHONE

Nous allons d'abord nous intéresser à ce moyen de communication performant qu'est le téléphone fixe ou le portable à condition que la ligne ait été souscrite à nos nom et prénom en propre.

Il est bien sûr doté de dix nombres qui se suivent. Les six premiers déterminent le réseau, la localisation, le fournisseur, etc. Les quatre derniers nous sont personnellement attribués.

Pour qualifier le type de communication que nous sommes principalement appelés à émettre ou à recevoir, il suffit d'additionner ces dix nombres entre eux et de les réduire à l'unité.

Le numéro de téléphone d'Alain Larrive : 07 89 54 33 45

J'additionne : 7 + 8 + 9 + 5 + 4 + 3 + 3 + 4 + 5 = 50 que je réduis 5 + 0 = 5.

Le type de communication d'Alain Larrive est marqué par la vibration numérique 5 qui peut se traduire par une utilisation principalement tournée « vers les déplacements, l'ouverture, et le besoin d'adaptation aux événements qu'il rencontre ». Cette interprétation est accessible dans l'annexe 18 (p. 180) intitulée *Résonnance numéro de téléphone.*

Il convient d'ajouter que les quatre derniers nombres de son numéro, 33 et 45, concernent la compatibilité que le type de communication d'Alain Larrive peut avoir avec l'aspect : « Affaires », « Privé » ou « Conseil » (tiré du livre de Pierre Lassalle *La Numérologie Holistique*) .

La réduction de ces deux nombres débouche sur les résultats qui suivent :
33 = 3 + 3 = 6 et 45 = 4 + 5 = 9

D'après l'encart Compatibilité ci-dessous, les nombres personnels du numéro de téléphone d'Alain Larrive sont favorables à l'aspect « affaires » et « conseil » pour le « 6 » et à l'aspect « privé » et « conseil » pour le « 9 ». En conclusion, pas de problème particulier à résoudre pour sa communication par téléphone.

Compatibilité des 4 derniers nombres personnels du numéro de téléphone avec une communication dans le cadre :

Affaires : 1, 2, 4, 6, 8
Privé : 2, 3, 5, 6, 9
Conseil : 2, 6, 7, 9, 11

(tiré du livre de Pierre Lassalle *La numérologie Holistique*)

Maintenant à votre tour de passer votre numéro de téléphone au « banc d'essai » des nombres ! Pour faciliter vos calculs, utilisez les grilles ci-dessous.

La résonnance numérique de vos numéros d'appel
Votre numéro d'appel : 0_ __ __ __ __
Un 2e numéro peut-être : 0_ __ __ __ __

Votre 1er numéro : 0 + __ + __ + __ + __ + __ + __ + __ + __ + __ = ___ __ __ Je réduis __+__ = __
Votre 2e numéro : 0 + __ + __ + __ + __ + __ + __ + __ + __ + __ = ___ __ __ Je réduis __+__ = __
Reportez-vous à l'annexe 18 (p. 180) et notez l'interprétation de la résonnance numérique de votre ou vos numéros de téléphone.
Premier numéro : ....
Deuxième numéro : ....

Compatibilité avec les aspects « Affaires », « Privé » ou « Conseil »
Calculez la réduction numérique des quatre derniers nombres de mes numéros deux par deux.
__+__ = __ et __+__ = __ pour le premier numéro qui est compatible ou favorable avec les aspects :
Affaires : OUI NON
(entourez la bonne réponse consultée dans le tableau page 115)
Privé : OUI NON
(entourer la bonne réponse)
Conseil : OUI NON
(entourer la bonne réponse)
__+__ = __ et __+__ = __ pour le deuxième numéro qui est compatible ou favorable avec les aspects :

Affaires : OUI NON .... (entourez la bonne réponse consultée dans le tableau p. 180)
Privé : OUI NON
(entourez la bonne réponse)
Conseil : OUI NON
(entourez la bonne réponse)
Inscrivez en conclusion les modifications éventuelles à apporter à mon comportement téléphonique en fonction des résultats obtenus et de mes objectifs personnels pour l'utilisation de cette ligne ou de ces lignes.
Conclusion ligne numéro :
Un : ....

....

Deux : ....

....

MON VÉHICULE

Lorsqu'il s'agit d'un véhicule portant légalement une plaque d'immatriculation, il conviendra de prendre en compte les nombres et les lettres composant le numéro d'immatriculation de votre véhicule. Deux cas peuvent se présenter suivant l'ancienneté de votre véhicule immatriculé en France :

- Les anciennes immatriculations comportant une suite de nombres avec deux lettres, voire trois lettres dans certains départements et un numéro de département à deux nombres (qui pouvaient changer en cas de déménagement dans un autre département).
- Les immatriculations actuelles qui comportent deux groupes de lettres entourant des nombres et qui restent attachées au véhicule même s'il est cédé à un autre propriétaire. Il ne faut pas prendre en compte le numéro de département qui est souvent rajouté, dans un autre lettrage et une autre couleur, dans ce cas. Généralement, nous avons deux lettres suivies de trois nombres et terminées par deux lettres sur les plaques minéralogiques actuelles.

Pour pouvoir calculer la résonnance numérique de votre plaque d'immatriculation, il faut additionner et réduire la somme des nombres avec la correspondance numérique de chaque lettre. Pour l'illustrer, nous allons prendre l'exemple des deux véhicules d'Alain Larrive qui ont été immatriculés à son nom.

- Une ancienne camionnette utilitaire immatriculée « 385 SN 45 », qu'il a héritée de ses

parents il y a quelques années et qu'il utilise pour des besoins domestiques ;
- Une berline plus récente immatriculée « DX 467 EN », qu'il utilise pour ses trajets quotidiens et ses déplacements professionnels et privés.

Pour la camionnette, il faut convertir préalablement les lettres en nombres (voir annexe 1, p. 157) soit S = 1 et N = 5. Nous obtenons donc pour cette camionnette :
3 8 5 S N 4 5 qui se convertit ci-dessous en :
3 + 8 + 5 + 1 + 5 + 4 + 5 = 31 à réduire : 3 + 1 = 4
4 est la résonnance numérique de la camionnette.
Pour sa berline, il faut faire de même soit :
D = 4, X = 6, E =5 et N = 5. Nous obtenons donc pour cette berline :
D X 4 6 7 E N qui se convertit ci-dessous en :
4 + 6 + 4 + 6 + 7 + 5 + 5 = 37 réduit = 3 + 7 = 10 soit 1, la résonnance numérique de la berline.
Pour interpréter ces résultats, il suffit de se reporter à l'annexe 19 intitulée *Résonnance immatriculation véhicule.*

Pour la camionnette, la vibration numérique 4 indique : véhicule utile pour la construction, l'ordre, l'organisation, des réalisations concrètes.

Pour la berline, la vibration numérique 1 indique : véhicule adapté pour servir le dynamisme, l'affirmation et la différenciation de son propriétaire.

À votre tour d'analyser la destination symbolique de votre ou vos véhicules, comme suit :

Ancienne Immatriculation :
Nombres ……………………………………
Lettres ……………………………………
Département ……………………………
Première lettre … convertie en nombre = …
Deuxième lettre … convertie en nombre = …
Troisième lettre … convertie en nombre = …
Soit : votre immatriculation : ……………
Conversion en nombre : __ +__ +__ +__ +__ +__ +__ +__ +__ +__ +__ = __ __ réduit __+__ =
Soit une vibration numérique à :

Nouvelle Immatriculation :
Lettres ……………………………………
Nombres ……………………………………
Lettres ……………………………………
Première lettre … convertie en nombre = …
(se référer à l'annexe 1, p. 157)
Deuxième lettre … convertie en nombre = …
Troisième lettre … convertie en nombre = …

Quatrième lettre ...... convertie en nombre = ...
Cinquième lettre ...... convertie en nombre = ... (si besoin)
Soit : votre immatriculation : ....
Conversion en nombre : __+__+__+__+__+__+ __+__+__+__+__ = __ __ réduit __+__ =
Soit une vibration numérique à :
Pour l'interpréter, reportez-vous au tableau (p. 181) qui me donne la destination symbolique suivante pour mon véhicule : ...

Je peux déterminer le pourcentage d'adéquation de l'usage actuel de mon véhicule par rapport à sa destination symbolique et m'interroger sur l'écart si ce pourcentage est inférieur à 50 %.

Je n'utilise pas de véhicule, j'emprunte les transports en commun

Si vous n'avez pas de véhicule, vous avez la possibilité de vous interroger sur le sens symbolique de l'identification numérique de la ligne que vous empruntez quotidiennement en bus, métro, RER (pour le RER, il faut convertir la lettre en nombre au préalable) ou sur le numéro du train dans lequel vous voyagez régulièrement, qui devra être réduit par addition.

Le nombre réduit obtenu est à mettre en parallèle avec ceux déterminés pour votre personnalité dans les premiers chapitres. Il est intéressant de voir s'il est identique :

- à la symbolique numérique de votre « Développement intérieur » (p. 27) ;
- ou celle de votre « Rayonnement extérieur » (p. 37) ;
- ou encore de votre « Axe d'évolution » (p. 44).

Dans l'un de ces cas-là, ce nombre vous rappelle qu'il faut renforcer en vous les qualités de la rubrique concernée.

S'il n'est pas identique à l'un des nombres de votre personnalité, il peut être identique :

- à l'un des nombres de vos défis ou challenges (p. 47) ;
- ou encore, il correspond à l'un de vos nombres manquants (p. 61).

Si c'est le cas, c'est que l'Intelligence Universelle de Vie attire votre attention sur un défi à relever ou sur les qualités d'un nombre manquant à acquérir. Et si vous avez l'opportunité de pratiquer un développement personnel significatif, vous serez surpris d'avoir à changer de ligne, soit parce que vous avez déménagé, soit parce que le réseau que vous empruntez s'est modernisé, agrandi ou a été remplacé par un autre moyen plus commode pour vous ou encore plus écologique.

Pour illustrer ce calcul, nous allons reprendre trois exemples.

Le frère bohême

Le premier frère aîné d'Alain Larrive qui se prénomme Albert, habite Paris, n'utilise pas de voiture, sauf dans des cas très particuliers où il préfère louer un véhicule, notamment quand il part en vacances. Il est réputé dans sa famille pour être un peu « bohême ».

Il emprunte tous les jours la ligne 4 et la ligne 13 du métro pour aller à son travail.

Le symbole de la ligne 4 lui rappelle, comme son prénom Albert (22/4) et son nom Larrive (40/4), qu'il doit s'organiser, mettre de l'ordre et se réaliser avec plus de rigueur et d'équilibre. Ce rappel symbolique est renforcé par la symbolique de la deuxième ligne qu'il emprunte la n° 13 qui se réduit également à 4.

Le frère dominateur

Le deuxième frère d'Alain Larrive se prénomme Éric (26/8) et habite une ville moyenne, où il utilise quotidiennement le bus sur la ligne 2 pour se rendre à son travail d'agent de sécurité dans une grande surface. Il est connu dans sa famille pour ne pas mâcher ses mots et avoir des rapports difficiles avec les autres qu'il veut dominer.

Le symbole numérique de cette ligne 2 lui rappelle qu'il doit adoucir sa relation à l'autre, en étant plus sensible, plus à l'écoute et plus coopératif.

La cadette émotive

La sœur d'Alain Larrive se prénomme Béatrice (36/9), c'est la plus jeune de sa famille, elle est infirmière et elle a récemment été nommée dans une nouvelle unité hospitalière centrale qui couvre un plus large rayon d'action. Les différentes unités hospitalières du canton ont été reconverties en hôpitaux de long séjour. Ce nouveau centre hospitalier plus moderne, mieux équipé est à plus de 40 km de son lieu de résidence. Elle habite une belle demeure récente entourée d'un beau jardin qui fait sa fierté et qu'elle ne veut pas quitter. Le budget de son foyer ne permet pas d'acquérir un deuxième véhicule neuf pour l'instant et la conduite en hiver la répugne à cause d'un mauvais souvenir sur le verglas. Elle est connue pour être émotive dans sa famille et ce n'est pas toujours facile pour elle de se maîtriser dans son métier malgré son envie de soulager la douleur des autres.

Tous les jours, elle emprunte le train TER n° 5625 qui relie les deux communes. Le numéro 5625 se réduit à 5 + 6 + 2 + 5 = 18 réduit à 9.

La symbolique de la vibration numérique 9 de son train lui rappelle qu'elle doit apprendre à maîtriser ses émotions et que cela est l'objectif de son développement intérieur représenté par son prénom Béatrice 36/9.

Chapitre 5

Des pistes de prévention pour ma santé

Le symbole est réparateur.

Georges Colleuil,
La Fonction thérapeutique des symboles

En tant que « bien portant », la santé représente néanmoins un vaste sujet qui peut nous rendre sensibles, voire préoccupés. Il ne s'agit pas dans ce chapitre de traiter de thérapie ou de guérison, mais simplement à travers le symbolisme des nombres de repérer les parties de notre corps sur lesquelles une surveillance médicale peut avoir un caractère préventif utile. La prévention est une grande tendance de la médecine actuelle et les nombres peuvent être une piste utile pour déclencher une surveillance ou un dépistage salutaire.

Le tableau suivant vous permettra de prendre connaissance de la relation symbolique entre notre corps et les nombres (tiré du livre de Pierre Lassalle, *La Numérologie Holistique*).

NOMBRES	CORRESPONDANCE DANS LE CORPS
1	La tête, le cerveau, le cœur
2	Le système digestif, les liquides
3	Le foie, les jambes, les artères
4	Le squelette
5	Le système nerveux, les bras, les mains
6	La peau, les reins, la circulation veineuse
7	Les pieds et le système lymphatique
8	La sexualité
9	Le système cardio-vasculaire

Comment savoir ce que l'Intelligence Universelle de Vie nous incite à faire surveiller pour la santé de notre corps à partir des nombres ?

Il faut, comme pour tous les sujets traités dans les chapitres précédents, passer par un petit calcul préalable, puis consulter un tableau descriptif en annexe des risques associés aux parties du corps correspondant au nombre réduit obtenu.

Il est important de préciser que cette recherche ne dispense en rien le recours régulier à un professionnel qualifié de la médecine.

Pour cela, il conviendra de comptabiliser dans l'intégralité de vos nom et prénoms la quantité des lettres présentes suivantes : E, W, D, M, puis ensuite d'additionner entre eux les nombres obtenus de chacune de ces lettres et éventuellement de réduire par addition le total obtenu s'il est supérieur à 9.

Prenons à nouveau l'exemple d'Alain Larrive :

▶ Soulignons les lettres concernées :

ALAIN ROBERT DANIEL LARRIVE

▶ Nous comptabilisons : 3 x E + 1 x D ce qui fait au total 4 lettres, il n'y a pas de W ni de M.

▶ Nous retenons la symbolique 4 pour lui.

- En consultant le tableau de correspondance des nombres et du corps p. 128, nous voyons que le 4 concerne le squelette.
- Nous nous reportons au tableau de l'annexe 20 (pp. 182-183) pour le *symbolisme numérique des affections du corps possibles* et qui précise une « surveillance des os, des cartilages, des affections rhumatismales, de la rate, de la constipation ; de la peau, des dents, genoux et ongles ».

À votre tour maintenant, grâce à la grille prévue ci-dessous, dénombrez la quantité des quatre lettres E, W, D, M présentes dans vos nom et prénoms. Sur la première ligne, écrivez le nom ou prénom et sur la ligne qui suit, reportez à l'alignement uniquement ces quatre lettres si elles sont présentes.

1er prénom : ....
E, W, D, M : ....
= nombre de lettres trouvé..............................

2e prénom : ....
E, W, D, M : ....
= nombre de lettres trouvé ....
2e prénom : ....
E, W, D, M : ....
= nombre de lettres trouvé..............................

Votre nom : ....
E, W, D, M : ....
= nombre de lettres trouvé...
Somme verticale : ....
Si supérieur à 9, réduction à l'unité __ +__ = __
Le symbole numérique à retenir pour votre santé est ....

NB : si aucune, de ces 4 lettres « E, W, D, M », ne figure dans vos nom et prénoms, pour déterminer le symbole numérique se rapportant à votre santé, il suffit de convertir en nombre la totalité des lettres de votre premier prénom et de réduire le total obtenu à l'unité.

Pour interpréter ce symbole numérique, reportez-vous au tableau pp. 182-183 et pour bien cerner cet aspect santé, transcrivez la définition trouvée sur l'emplacement ci-après intitulé *Mon symbolisme numérique pour ma santé.*

Votre premier prénom :

....

Conversion en nombre : __+__+__+__+__+_ _+__+__+__+__+__ = __ __ réduit __+__ = ___
Mon symbolisme numérique pour la santé :

....

Il convient de préciser que le symbolisme pour la santé répertorie les affections possibles, mais n'est en aucune façon une prédiction ou une prévision.

Chapitre 6

L'influence de l'année ou du mois à venir ou d'un jour particulier

Élargir sa conscience au lieu de consommer des psychotropes.

Mechthild Scheffer

L'avenir a toujours fait l'objet d'un questionnement prioritaire pour l'homme, quelle que soit l'époque et quelle que soit sa condition. Par le passé, les hommes de pouvoir se sont souvent entourés de devins, d'astrologues, ou de voyants pour connaître leur avenir. Même de nos jours certaines personnalités du monde politique ont toujours recours à la voyance ou à l'astrologie. L'avenir peut être « angoissant » pour certains d'entre eux et ils cherchent à se rassurer pour ne pas en vivre les affres ou pour prendre les meilleures décisions qui engagent l'avenir.

Loin d'être critiquable, cette pratique présuppose que l'avenir est déjà écrit. Le symbolisme des nombres que nous utilisons dans ce livre part du principe que rien n'est écrit à l'avance et que l'Intelligence Universelle de Vie permet le libre arbitre du choix de notre route et de notre orientation. Alors quel est l'intérêt de faire des calculs pour l'année, le mois ou le jour qui vient ?

Si le symbolisme des nombres ne peut rien prédire de notre avenir personnel, puisque nous avons le choix, il peut néanmoins définir l'influence que nous pouvons subir, autrement dit la météorologie de notre futur personnel. En utilisant une métaphore, on peut dire que sous le même ciel pluvieux le touriste sera déçu, mais l'agriculteur sera heureux. Inversement, la neige précoce peut être un avantage pour le skieur et un inconvénient pour l'éleveur.

Tout fonctionne dans l'Univers par cycle : les quatre saisons, les rotations de la Terre autour du Soleil, les phases de notre sommeil, les menstruations, l'ovulation, le renouvellement de nos cellules, pour n'en citer que les plus connues. Le symbolisme des nombres que nous utilisons est un système à base 9 utilisé principalement en numérologie. Nous allons donc retrouver des cycles de neuf ans par exemple et pouvoir interpréter ces influences cycliques grâce à leur codification numérique.

Notre étude portera sur l'influence représentée par les nombres de 1 à 9 pour les années, les mois et les jours à venir. Il sera ainsi possible d'envisager notre météo personnelle, en sachant que nous gardons totalement notre libre arbitre dans nos décisions. L'expérience nous apprend que nos choix passés ont encore une influence sur notre présent et que nos orientations à prendre dans le présent conditionneront notre avenir. L'adage connu « *Un homme averti en vaut deux* » s'applique ici pleinement. Le fait de connaître notre météo personnelle à l'avance nous permet de vivre plus consciemment et plus pleinement l'époque concernée.

Avant de rentrer dans la phase de calcul, il est important de préciser deux notions importantes : l'année universelle et l'année personnelle. Nous allons nous intéresser essentiellement à l'année personnelle qui s'étale de la date de votre anniversaire de l'année en cours jusqu'à la prochaine date de votre anniversaire, douze mois plus tard. L'année universelle est l'année en cours qui va du 1er janvier au 31 décembre.

L'ANNÉE PERSONNELLE

1re phase : le calcul

Pour calculer la symbolique numérique d'une année personnelle, il faut prendre l'année civile en cours, si sa date d'anniversaire est passée, à laquelle il faut ajouter le quantième de son mois de naissance et celui de son jour de naissance.

Si sa date anniversaire n'est pas encore passée, il faut ajouter le quantième de son mois de naissance et celui de son jour de naissance à celui de l'année précédente.

Reprenons l'exemple d'Alain Larrive qui est né le 23 avril 1967.

L'année universelle (civile) est par exemple 2016 et à l'heure actuelle nous sommes au mois d'octobre de cette année. On peut dire que l'année personnelle d'Alain Larrive court depuis le 23 avril 2016 jusqu'au 23 avril 2017.

Pour calculer la symbolique numérique de l'année personnelle, il faut poser l'opération verticalement :

Jour de naissance (JDN) : 23
Mois de naissance (MDN) : 04
Année universelle : 2016
Total = 2043,
que je réduis 2 + 0 + 4 + 3 = 9

L'année personnelle d'Alain Larrive est une année 9, qui court du 23 avril 2016 au 23 avril 2017.

Pour illustrer un exemple où l'année personnelle en cours a pris naissance l'année précédente, nous allons considérer l'année personnelle d'Éric Larrive, le frère d'Alain. Il est né le 15 novembre 1970.

Étant donné que sa date anniversaire en octobre 2016 n'est pas encore passée, pour calculer l'année personnelle d'Éric Larrive en cours, il faut utiliser le millésime de l'année précédente qui est 2015. Nous posons à nouveau l'opération verticalement :

Jour de naissance (JDN) : 15
Mois de naissance (MDN) : 11
Année universelle : 2015
Total = 2041,
que je réduis 2 + 0 + 4 + 1 = 7

2e phase : l'interprétation

Pour interpréter l'orientation de l'année personnelle, il faut se reporter à l'annexe 21 (pp. 183-185) intitulée *Orientation de l'année personnelle*, qui donne l'influence de cette année et la manière de la vivre positivement et avantageusement.

Pour Alain Larrive, l'interprétation de son **année personnelle 9** donne la définition suivante.

Mots clefs : achèvement, accomplissement, altruisme.

Cette année termine un cycle de 9 ans. Période de bilan sur les 8 ans précédents, pour évaluer son développement personnel, et pour achever ce qui traîne. Elle demande de maîtriser ses émotions très sollicitées cette année-là. Période qui privilégie la réflexion aux changements à initier dans l'année qui suit. L'esprit altruiste au service du collectif est favorisé.

Pour Éric Larrive, l'interprétation de son **année personnelle 7** est la suivante.
Mots clefs : Analyse, étude, introspection

C'est une année de remise en question, de recherche philosophique ou intellectuelle, sur son évolution intérieure. Elle peut être difficile sur le plan matériel. Néanmoins, elle favorise les écrits inspirés, et permet de retrouver paix et harmonie en élevant son niveau de conscience.

Votre année personnelle

Pour la calculer, il vous suffit de vous laisser guider par l'un des deux canevas ci-dessous.

Si votre anniversaire n'est pas encore passé :
Jour de naissance...

Mois de naissance ....
Année universelle en cours ....
Total .... que je réduis __+__+__+__ = __

Si votre anniversaire est déjà passé :
Jour de naissance..
Mois de naissance...
Année universelle an -1.......................................

Total .... que je réduis __+__+__+__ = __

Pour l'interprétation de votre année personnelle, reportez-vous au tableau pp. 183-185, et notez dans la synthèse ci-dessous l'orientation qui vous concerne.

Mon année personnelle : ....
Sa définition : ....

LE MOIS PERSONNEL

En analogie avec l'année personnelle, les mois personnels démarrent le quantième du jour où vous êtes nés. Ils représentent une influence mensuelle qui agit avec l'influence de l'année de manière simultanée. Pour le calculer, il faut prendre le sous-nombre avant réduction de l'année personnelle auquel il faut ajouter le quantième du mois concerné. Si le total donne directement un nombre réduit, il faut prendre ce nombre tel quel. Nous allons illustrer cette méthode avec deux exemples.

Pour Béatrice, le mois favorable aux rencontres

Béatrice, la sœur d'Alain Larrive, est née le 30 décembre 1975 (avec un nombre à deux chiffres), va vous permettre d'intégrer facilement la méthode de calcul.

L'année universelle en cours est 2016 et nous sommes toujours au mois d'octobre, soit plus de deux mois avant son anniversaire, nous prendrons donc 2015 pour année de calcul. Nous calculons en premier son année personnelle :

Jour de naissance :	30
Mois de naissance :	12
Année universelle :	2015
Somme totale =	2057,

que je réduis 2 + 0 + 5 + 7 = sous-nombre **14***.

L'année personnelle : 1 + 4 = 5, qui se terminera le 29 décembre 2016. Cependant, pour calculer le mois personnel je vais prendre en compte le sous-nombre **14***. Soit l'opération suivante pour calculer le symbole numérique du mois personnel de Béatrice Larrive :

Mois universel en cours :	10
Sous-nombre année personnelle :	14*
Total :	**24***

sous-nombre du mois personnel
*(le sous-nombre est le total à deux chiffres que l'on obtient en additionnant verticalement les données)

Je réduis ce sous-nombre 2 + 4 = 6 pour obtenir la valeur du mois personnel de Béatrice, le **6**.

NB : Le sous-nombre obtenu, 24*, servira à calculer le jour personnel.

Pour Alain, le mois où il doit s'affirmer

Mois en universel en cours :	10
Année personnelle réduite :	09
Total :	19*

sous-nombre du mois personnel.
Je réduis ce sous-nombre 1 + 9 = 10 puis 1 + 0 = **1**, qui est la valeur du mois personnel d'Alain Larrive.

Pour interpréter les mois personnels d'Alain et Béatrice Larrive, consultons le tableau en annexe 22 (pp. 185-187), intitulé *Influence mois et jour personnels.*

Pour Béatrice Larrive en mois personnel 6, l'influence se définit comme suit : « Période pour s'occuper de ses devoirs et de ses responsabilités. Elle favorise les rencontres amicales et l'expression artistique. »

Pour Alain Larrive en mois personnel 1, nous avons l'influence suivante : « Affirmez-vous, c'est le moment d'agir, il faut saisir sa chance, il faut être combatif, volontaire et courageux. L'action est bénéfique. »

À votre tour maintenant de calculer votre « mois personnel », avec le prétracé qui vous guidera ci-dessous.

Mois en universel en cours __ __
Sous-nombre de votre Année personnelle __ __
Total : _____* sous-nombre à retenir, que je réduis à __+__= __ quantième de mon mois personnel.
**Je retiens ce sous-nombre pour le calcul de mon jour personnel*

Interprétez maintenant votre « mois personnel » en consultant le tableau pp. 185-187 et reportez la définition ci-dessous :

Mon mois personnel : ....
Sa définition : ....
....

LE JOUR PERSONNEL

L'influence du jour personnel est une information qui peut être importante, dans le choix du jour de signature d'un contrat, d'une vente ou d'un achat, d'un mariage, du lancement d'une opération humanitaire ou commerciale par exemple. Il se calcule en utilisant le sous-nombre obtenu pour le mois personnel que l'on additionne au quantième du jour universel concerné.

Alain Larrive va nous permettre une fois de plus de l'illustrer. La date universelle étudiée est le 17 du mois d'octobre 2016. Nous utiliserons le sous-nombre 19 du mois personnel d'Alain Larrive, avant réduction, calculé dans la rubrique précédente de son mois personnel **1**.

Sous-nombre de son mois personnel	19*
Quantième du jour universel :	17
Total :	36

que je réduis à 3 + 6 = 9

Pour interpréter le jour personnel d'Alain Larrive, nous allons consulter l'annexe 22 pp. 185-187.

Pour le jour personnel **9** d'Alain Larrive, nous avons l'influence suivante : « Jour où les sentiments et l'émotion sont très développés. On peut achever l'encours et aboutir. Ne rien commencer. Favoriser : l'intuition, l'inspiration, la créativité et la compassion. »

Votre jour personnel

A votre tour maintenant de calculer et de découvrir l'interprétation du jour personnel de votre choix. La grille de calcul prévue ci-dessous vous permettra d'y parvenir aisément. Vous devrez utiliser le sous-nombre de votre mois personnel, avant réduction, calculé dans la rubrique précédente de votre mois personnel.

Sous-nombre de votre mois personnel ____
Quantième du jour universel ____
Total ____
que je réduis à __+__= à __

Pour interpréter votre jour personnel __, consultez le tableau pp. 185-187 et reportez les informations sur la synthèse ci-dessous :

Mon jour personnel : ....
Sa définition : ....

....

Chapitre 7

Ma compatibilité avec un partenaire

L'amour sans volonté est une fleur sans parfum, il lui manque une dimension : sa lumière d'âme.

Daniel Meurois, *Les Enseignements premiers du Christ*

S'engager avec un partenaire sur un plan sentimental, sportif ou professionnel peut demander de la réflexion même si les premiers contacts semblent souvent prometteurs. Si l'on est pratiquement sûr de réussir lorsque les deux parties sont de bonne volonté, il peut être intéressant de vérifier s'il n'y a pas une incompatibilité fondamentale. Les nombres et leur symbolique peuvent apporter une réponse d'alerte qui pourra être vérifiée lors d'un entretien avec un numérologue ou un astrologue si votre relation revêt une importance capitale.

Nous allons étudier une technique de comparaison par les nombres mise au point par Pierre Lassalle et tirée de son livre *La Numérologie Holistique.*

Il faut savoir avant de vous lancer que vous devez connaître l'ensemble des nom et prénoms de votre partenaire dans la bonne orthographe des papiers officiels. Sans ces informations la comparaison ne pourrait être valablement effectuée.

Pour définir les nombres à comparer, nous allons calculer pour les deux personnes concernées le nombre réduit de la conversion en chiffre de l'ensemble de leurs nom et prénoms. Pour cela, l'étude de la relation d'Alain Larrive avec sa compagne Bernadette née Dumont va nous permettre d'en illustrer pour vous la méthode.

L'identité complète de cette dernière est : Bernadette, Valérie, Nathalie, née Dumont. Et celle du cas que nous suivons depuis le début est : Alain, Robert, Daniel Larrive.

À partir de la grille de conversion des lettres en nombre (p. 157), procédons à la conversion en nombre pour chacun en commençant par Bernadette :

B E R N A D E T T E
2 + 5 + 9 + 5 + 1 + 4 + 5 + 2 + 2 + 5 = 40

V A L E R I E
4 + 1 + 3 + 5 + 9 + 9 + 5 = 36

N A T H A L I E
5 + 1 + 2 + 8 + 1 + 3 + 9 + 5 = 34

D U M O N T
4 + 3 + 4 + 6 + 5 + 2 = 24
Total : 134
Réduction 1 + 3 + 4 = 8, soit le nombre **8**, à comparer avec celui de son compagnon.

Pour son partenaire :
A L A I N
1 + 3 + 1 + 9 + 5 = 19

R O B E R T
9 + 6 + 2 + 5 + 9 + 2 = 33

D A N I E L	
4 + 1 + 5 + 9 + 5 + 3 =	27
L A R R I V E	
3 + 1 + 9 + 9 + 9 + 4 + 5 =	40
Total :	119

Réduction 1 + 1 + 9 = 11 que je réduis à nouveau 1 + 1 = **2**.

Il convient donc, pour mesurer la compatibilité du **8** pour Bernadette et du **2** pour Alain, de consulter le tableau de *Compatibilité entre partenaires* (annexe 23, pp. 188-189). L'interprétation du 2 avec le 8 se définit ainsi : « Entente excellente dans tous les domaines, ils sont très complémentaires. »

À votre tour d'analyser les identités complètes des personnes dont vous voulez connaître la compatibilité.

Après avoir converti les lettres en nombres, vous pourrez effectuer les additions horizontales, puis l'addition verticale et enfin la réduction du sous-nombre obtenu dans le total.

Première personne

1er prénom :

__ __ __ __ __ __ __ __ __ __ __ __

__+__+__+__+__+__+__+__+__+__+__+__ = __ __

2e prénom :

__ __ __ __ __ __ __ __ __ __ __ __

__+__+__+__+__+__+__+__+__+__+__+__ = __ __

3e prénom :

__ __ __ __ __ __ __ __ __ __ __ __

__+__+__+__+__+__+__+__+__+__+__+__ = __ __

Nom de naissance :

__ __ __ __ __ __ __ __ __ __ __ __

__+__+__+__+__+__+__+__+__+__+__+__ = __ __

Total __ __ __

Réduction __+__+__ = __

Répétez les calculs identiques pour la deuxième personne.

Nombre réduit de la première personne : __ **;**

nombre réduit de la deuxième personne : __

Consultez ensuite le tableau de *Compatibilité entre partenaires* (pp. 188-189) en commençant la recherche par le plus petit des deux symboles numériques et écrivez la définition correspondante dans la synthèse ci-dessous :

Compatitibilité entre ____ **et** ____

Sa définition : ....

....

CONCLUSION

Si ce livre, qui a pour ambition de faire connaître l'intérêt pour tous du symbolisme des nombres, vous a surpris et même séduit à propos de leur utilité au quotidien pour vous, il a rempli son rôle.

Mais il n'a d'intérêt réel que si vous effectuez l'ensemble des calculs guidés qu'il propose. En effet, si à travers ses exercices vous retrouvez les contours connus de votre personnalité ou que vous découvrez les aspects intérieurs subtils de votre personne, ou encore que vous comprenez le sens caché de votre adresse, ou l'importance de la complémentarité avec votre partenaire, ce livre aura complètement rempli sa mission.

Si de plus, il a été pour vous une source d'introspection sur le sens et le but de votre vie et qu'il a pu vous apporter quelques réponses, il représente alors pour son auteur une source insondable de joie qui le relie à la beauté de la condition humaine et au bonheur de lire pour notre vie terrestre la Volition de l'Intelligence Universelle de Vie.

Chevrières, le 19 octobre 2016.

INFORMATIONS COMPLÉMENTAIRES

Si une aide pour l'exécution des calculs ou la compréhension de l'un des paragraphes de ce livre vous semble nécessaire, il suffit de m'envoyer un courriel à l'adresse suivante :

francois.vincensini@wanadoo.fr

Par le même canal, si vous souhaitez aller plus loin dans la découverte de la connaissance véhiculée par le symbolisme des nombres, je serais très heureux de vous y aider.

BIBLIOGRAPHIE

Georges Colleuil, *La Fonction thérapeutique des symboles*, Escalquens, Arkhana Vox Éditeur, 2005.

Marc-Alain Ouaknin, *Mystères des chiffres*, Paris, Assouline, 2004.

Françoise Daviet, *Manuel pratique de numérologie psychologie*, Paris, Guy Trédaniel Éditeur, 1992.

Pierre Lassalle, *La Numérologie holistique*, Paris, Éditions de Vecchi, 1990.

Jean Daniel Fermier, *La Numérologie : le symbolisme des lettres*, Paris, Jacques Grancher, 1989.

ANNEXES

ANNEXE 1. CONVERSION DES LETTRES EN NOMBRE

1	2	3	4	5	6	7	8	9
A	B	C	D	E	F	G	H	I
J	K	L	M	N	O	P	Q	R
S	T	U	V	W	X	Y	Z	-

ANNEXE 2. SIGNIFICATIONS GÉNÉRALES ET RÉSONNANCES DES NOMBRES

NOMBRES	LE PRINCIPE	L'ASPECT PSYCHOLOGIQUE
1	**Autonomie – Différenciation** Départ – Début	Affirmation de soi – Dynamisme – Confiance en soi **Aspect négatif à éviter : égoïsme – domination – agressivité**
2	**Relation à l'autre** Recherche du couple – Partage Sociabilité	Sensibilité – Imagination – Souplesse – Tendresse **Aspect négatif à éviter : soumission – passivité – caprice – inhibition – frustration**
3	**Relation aux autres – Créativité – Expression : le langage et la transmission**	Vivacité – Optimisme – Persuasion – Ambition **Aspect négatif à éviter : orgueil – superficialité – dispersion – jalousie**
4	**Réalisation – Construction** Organisation – Travail – Famille	Stabilité – Persévérance **Aspect négatif à éviter : routine – rigidité – avarice – pessimisme**
5	**Mouvement – Désir – Envie Expansion – Liberté – Apprentissage de la sexualité – Voyages**	Adaptabilité – Ouverture **Aspect négatif à éviter : mythomanie – Instabilité – Impulsivité – Caprice**
6	**Harmonie – Amour – Beauté** Équilibre – Considération – Honneurs Foyer – Couple	Responsabilité – Médiation – Sensibilité dans l'amour – Douceur – Tendresse – Perfection **Aspect négatif à éviter : paresse – Irresponsabilité – Indécision**

NOMBRES	LE PRINCIPE	L'ASPECT PSYCHOLOGIQUE
7	**Introspection – Recherche** Analyse – Originalité – Concentration	Foi – Sagesse – Intuition – Réflexion **Aspect négatif à éviter : fuite – inquiétude – solitude – orgueil – fanatisme – révolte – marginalité – critique – perfectionnisme – doute**
8	**Matérialité – Puissance** Sens des affaires Concrétisation – Transformation – Évolution	Audace – Autorité – Sexualité – Courage – Hardiesse – Équilibre entre les valeurs matérielles et les valeurs spirituelles **Aspect négatif à éviter : dureté – tyrannie – rancune – intolérance – pouvoir personnel**
9	**Humanisme – Enseignement** Idéologie – Grands Voyages – Étendues	Sagesse – Sensibilité – Psychologie – Altruisme – Sens du collectif **Aspect négatif à éviter : sacrifice – amour haine – désordre – intolérance – égoïsme- provocation – surprotection**

ANNEXE 3. SYMBOLIQUE DES LETTRES INITIALES DES NOM ET PRÉNOMS

LETTRES	FORME SYMBOLIQUE	QUALITÉS
A	Tête dans les étoiles, pieds sur terre	Initiative – Individualité – Action
B	Imagination – Profondeur	Sensibilité – Amour
C	Ouverture – Futur	Créativité – Amitié
D	Stabilité – Prudence	Sérieux – Ténacité

LETTRES	FORME SYMBOLIQUE	QUALITÉS
E	Émission, Action	Adaptabilité – Vivacité – curiosité
F	Perception originale	Faculté Artistique ou technique
G	Réceptivité	Ouverture
H	Équilibrage du matériel et du spirituel	Autorité – Courage
I	Virilité – Passion	Idéalisme – Sensibilité
J	Esprit accrocheur	Initiative – Prévoyance – Responsabilité
K	Force – Ouverture	Enthousiasme – Originalité – Inspiration
L	Observation – Réflexion	Découverte – Faculté d'exécution
M	Pont entre le rationnel et l'irrationnel	Organisation – Sens pratique
N	Mouvement – Curiosité	Adaptation – Conciliation – Mobilité
O	Réceptivité – Passion	Harmonie – Idéalisme
P	Tendance secrète – Altière	Perfectionnisme – Respectabilité – Absolu
Q	Rayonnement – Affirmation	Autorité – Sens du concret
R	Réceptivité – Imagination	Organisation – Efficacité
S	Souplesse – Sensations	Initiative – Indépendance – Création
T	Esprit de sacrifice	Amour – Puissance affective

LETTRES	FORME SYMBOLIQUE	QUALITÉS
U	Réceptivité – Ressenti profond	Esprit novateur – Créatif
V	Inspiration – Ouverture humanitaire	Imagination – Sens du concret
W	Habileté – Mobilité	Esprit d'entreprise
X	Ouverture sur le passé et le futur	Recherche de l'union et de l'équilibre
Y	Intégration concrète idées et matière	Observation – Réflexion
Z	Rapidité	Réalisation concrète et financière

ANNEXE 4. DEUXIÈME PRÉNOM

NOMBRE RÉDUIT DU DEUXIÈME PRÉNOM	ASPECT POSITIF	ASPECTS NÉGATIFS À ÉVITER
1	**Je sais m'affirmer.**	Domination – Agressivité.
2	**Je suis sociable et sensible.**	Soumission – Passivité.
3	**Je m'exprime facilement.**	Orgueil – Superficialité – Jalousie.
4	**Je me sens équilibré.**	Rigidité – Avarice – Pessimisme.
5	**Je suis ouvert et je sais m'adapter.**	Instabilité – Impulsivité – Caprice.
6	**Je me sens responsable et je recherche la médiation.**	Paresse – Irresponsabilité – Indécision.
7	**Je recherche sagesse et réflexion.**	Solitude – Orgueil – Fanatisme – Révolte.

NOMBRE RÉDUIT DU DEUXIÈME PRÉNOM	ASPECT POSITIF	ASPECTS NÉGATIFS À ÉVITER
8	**Je fais preuve de courage et d'autorité.**	Dureté – Tyrannie – Rancune – Intolérance.
9	**Je suis sensible à la psychologie et à l'altruisme.**	Intolérance – Égoïsme – Provocation -Surprotection.

ANNEXE 5. TROISIÈME PRÉNOM : CRÉATIVITÉ OU DONS

NOMBRE RÉDUIT DU TROISIÈME PRÉNOM	DONS
1	Je suis autonome et je sais entraîner les autres.
2	Je sais écouter et j'ai de l'intuition.
3	Je suis créatif et je sais l'exprimer.
4	Je sais me réaliser avec patience et persévérance.
5	Je suis optimiste, je suis curieux, et je m'initie à travers de nouvelles techniques.
6	J'ai une fibre artistique ou médicale et je recherche le beau et l'harmonie.
7	Ma recherche m'amène à la sagesse et la foi dans ce que je suis.
8	Mon audace et mon courage sont au service de la puissance qui m'habite.
9	Ma psychologie et mon altruisme me mènent à la compassion pour tout être vivant.

ANNEXE 6. AXE D'ÉVOLUTION

NOMBRES	L'AXE	LES QUALITÉS À DÉVELOPPER	LES FAIBLESSES À DÉPASSER
1	**S'accomplir dans une vie indépendante très active.**	Détermination – Courage – Originalité – Créativité.	Égoïsme – Domination – Agressivité – Impatience – Intolérance.
2	**Créer et développer un climat de paix et d'unité autour de soi.**	Coopération – Modestie – Patience – Écoute – Tolérance.	Indécision – Laisser-aller, Inconsistance – Caprice.
3	**Aller vers les autres en confiance et exprimer son optimisme.**	Confiance – Ouverture aux autres – Enthousiasme – Créativité – Ambition.	Possessivité – Jalousie – Dispersion – Agitation – Orgueil – Susceptibilité – Superficialité – Polémique.
4	**Se réaliser dans une construction progressive et équilibrée.**	Ordre – Organisation – Méthode. Discipline – Pondération – Patience – Stabilité.	Routine – Rigidité – Entêtement – Parcimonie – Rancune
5	**Vivre l'échange dans la liberté et l'indépendance.**	Ouverture – Écoute – Diplomatie – Souplesse – Sociabilité – Adaptabilité au changement.	Vantardise – Démagogie – Dissimulation – Calcul – Inconstance – Opportunisme.

NOMBRES	L'AXE	LES QUALITÉS À DÉVELOPPER	LES FAIBLESSES À DÉPASSER
6	**Pratiquer le devoir, la responsabilité, l'amour et l'entente.**	Service en famille et sur le plan social. Charme – Gentillesse – Générosité – Savoir aimer par le cœur.	Intransigeance – Tyrannie – Inconstance – Paresse – Narcissisme – Protectionnisme – Indécision.
7	**Développer sa vie intérieure, l'esprit d'analyse, l'intuition, pour découvrir le sens caché des choses.**	Confiance – Foi – Sagesse – Paix – Perfection – Précision – Concentration – Méditation – Psychologie.	Autoritarisme – Froideur – Marginalité – Sectarisme – Fuite – Scepticisme obsessionnel.
8	**Mettre sa puissance au service d'une réussite sur les plans matériel et spirituel.**	Ambition – Courage – Force de caractère – Audace – Ténacité – Efficacité.	Intolérance – Inflexibilité – Domination – Cruauté –Avidité – Soif de pouvoir et d'argent.
9	**Vivre son idéal humaniste avec psychologie et compassion.**	Écoute – Compassion – Compréhension – Générosité – Chaleur du cœur.	Caprice – Irréalisme – Influençabilité – Subjectivité – Haine – Revendicatif – Exigeant – Intolérant – Dur.

ANNEXE 7. CHALLENGES OU DÉFIS DE L'AXE D'ÉVOLUTION

VALEUR DU DÉFI	LE CONSTAT	LA PRÉCONISATION
1	Caractère impatient, agressif, contradictoire.	Acquérir la patience, adoucir son expression, abandonner l'esprit de contradiction.
2	Avidité affective, sentiment de déception, de frustration, de solitude voire d'abandon.	Relativiser son besoin d'être aimé. Rechercher la véritable cause de la déception ou de la frustration et voir qu'elle ne dépend pas des autres. Solitude et abandon proviennent souvent de notre état d'être personnel.
3	Sentiment d'incompréhension, jalousie agressive, besoin de lutte pour conserver ses prérogatives.	Remettre en cause notre expression pour être mieux compris. La jalousie ne résout rien, elle peut même attirer ce qui est craint. Le lâcher-prise est le meilleur garant d'une vie paisible.
4	Sentiment de faute, peur de mal faire, autocensure, reproches, scrupules, doutes.	Nous ne devons pas nous juger et accepter le fait que nous expérimentons dans la vie et que nous avons le droit à l'erreur.
5	Rejet des modes éducatifs, insouciance, politique de l'autruche. Confrontation à de sérieux imprévus.	Prendre conscience que tout acte engendre des conséquences et que nous sommes responsables de toutes nos actions et expressions.
6	Perfectionnisme, narcissisme, protectionnisme, esprit jugeant.	Prendre conscience que notre monde humain n'est pas parfait et que les autres apprennent en expérimentant. De ce fait, nous ne devons pas les juger ni chercher à les surprotéger.

VALEUR DU DÉFI	LE CONSTAT	LA PRÉCONISATION
7	Timidité, sentiment d'infériorité, difficulté à trouver son originalité, manque d'adaptabilité.	Se souvenir que timidité, sentiment d'infériorité, difficulté à trouver son originalité, manque d'adaptabilité sont la marque d'un orgueil très prépondérant dont il faut prendre conscience. L'humilité et la simplicité permettront de dépasser ces blocages.
8	Intérêt matériel prédominant, goût du drame, obsession d'être le meilleur ou le premier.	Maîtriser son goût du pouvoir pour équilibrer ses valeurs entre le matériel et le spirituel.

ANNEXE 8. DONS ET PROBLÉMATIQUES INNÉS

SUITES DE NOMBRES DES CASES FLÉCHÉES	DONS* À EXPLOITER	SUITES CASES NUMÉROTÉES VIDES ET FLÉCHÉES	PROBLÉMATIQUES** À DÉPASSER
1, 5, 9	**Application, persévérance, dévotion.**	1, 5, 9	Indécision, hésitation, manque de concentration.
3, 5, 7	**Spiritualité, compréhension, intuition, évolution.**	3, 5, 7	Incrédulité, scepticisme, doute, incertitude.
3, 6, 9	**Compréhension, capacités intellectuelles, bon jugement.**	3, 6, 9	Insouciance, manque d'attention et de concentration, morosité, manque de personnalité.

SUITES DE NOMBRES DES CASES FLÉCHÉES	DONS* À EXPLOITER	SUITES CASES NUMÉROTÉES VIDES ET FLÉCHÉES	PROBLÉMATIQUES** À DÉPASSER
2, 5, 8	**Équilibre, impartialité, régularité, bon goût.**	2, 5, 8	Susceptibilité, hypersensibilité, sentiment d'infériorité, partialité, instabilité.
1, 4, 7	**Dextérité, adresse, ingéniosité, serviabilité.**	1, 4, 7	Imprévoyance ou imprévisibilité, inorganisation, incertitude, inconscience, prise de risque inconsidérée.
1, 2, 3	**Organisation, méthode, planification, intuition, inspiration.**	1, 2, 3	Confusion, désordre, manque de coordination, situations compliquées, voire inextricables.
4, 5, 6	**Désir, volonté, espoirs et rêves, goût du plaisir, sensualité.**	4, 5, 6	Désillusion, frustration, regrets, rejets. Être désabusé, trompé, chagriné.
7, 8, 9	**Énergie, zèle, participation, force, enthousiasme, ferveur.**	7, 8, 9	Inertie, passivité, paresse, inaction, indolence, soumission, apathie.

* La suite de nombres indique la tendance des dons, vous pourrez facilement discerner celui ou ceux qui vous correspondent

** Seuls un ou deux éléments de la définition de la problématique vous concernent, vous les repèrerez aisément.

ANNEXE 9. SIGNIFICATION DES NOMBRES MANQUANTS

NOMBRES MANQUANTS	DÉFINITION
1	Le modèle de l'archétype masculin n'est pas représenté. Manque de référence, de guide. Difficulté à avoir conscience de sa propre identité. Doute obsessionnel. Ne trouve pas sa place. Difficulté à être autonome. Cette situation peut amener à devenir orgueilleux, irritable et susceptible.
2	Le modèle de l'archétype féminin n'est pas représenté. L'affectif se vit dans le rêve. Les émotions ne sont pas exprimées. Tout passe par le mental. Insuffisance d'écoute. Désir d'être accepté inconditionnellement.
3	Difficulté de communication. Peut se couper du monde. Peut devenir polémiste. Désir d'exclusivité avec une tendance possessive.
4	Difficulté de trouver sa place dans la famille. Anxiété, insécurité, besoin de sécurité. Manque de souplesse, ancré dans ses habitudes. Manque d'ordre. Rebuté par l'administratif.
5	Très indépendant personnellement. Intolérance, incapacité à admettre la liberté des autres. Possibilité d'instabilité et d'irritabilité
6	Confusion entre service, protectionnisme et sacrifice. Doit apprendre à accepter les choses comme elles sont. Doit comprendre que les autres ne sont pas parfaits.
7	Complexe d'infériorité. Ne fait pas confiance. Difficulté à trouver son originalité et à prendre sa place. Vie intérieure très intense qui peut être déstabilisante. Excès d'intériorisation. Solitude.
8	Peut être soumis au pouvoir des autres. Freins dans les décisions ou dans les ambitions. Doit faire preuve de régularité avec l'argent. Doit clarifier ses vrais désirs et se méfier de son goût du pouvoir.
9	Idéal trop élevé. Perte des aspirations profondes, découragement. Perte du ressentir. États passionnels chargés de haine ou de révolte. Peut être très égoïste

ANNEXE 10. NOMBRE DE MATURITÉ

NBRE	DÉFINITION
1	**La leçon :** reconsidérez la notion d'indépendance pour améliorer vos rapports avec les autres. **Ressource** : vous avez la capacité de devenir plus créatif, plus original, plus actif. Avec de l'ambition, vous pourriez être un pionnier
2	**La leçon :** reconsidérez tout ce qui dérive de votre sensibilité. **Ressource** : vous avez la capacité de mieux exprimer votre sensibilité et de devenir plus affectueux ou plus amical ce qui améliorera vos relations. Les qualités de diplomate et de conseiller sont à votre portée.
3	**La leçon :** vous devez vous choisir un but et devenir plus créatif et plus artiste. **Ressource** : vous avez la capacité d'utiliser vos talents d'imagination et d'humour pour la parole et/ou l'écriture.
4	**La leçon** : définissez mieux ce que sont vos limitations. Ciblez celles qui peuvent être modifiées. **Ressource** : Vous avez la capacité de devenir plus tenace, plus patient, plus persévérant pour une reconstruction solide et durable de votre personnalité
5	**La leçon :** apprenez à mieux respecter la liberté des autres et utilisez les opportunités qui vous sont offertes sans dispersion et fixez-vous un but dans la communication. **Ressource** : vous avez la capacité de vivre de nombreuses expériences profitables (voyages, rencontres)
6	**La leçon :** mesurez l'importance de l'affection donnée ou reçue et apprenez à prendre des responsabilités. **Ressource** : vous avez l'opportunité de rendre service à autrui. Vous possédez un savoir-faire et du goût pour installer le confort dans votre foyer. Vous avez des facilités pour enseigner.
7	**La leçon** : Apprenez à mieux vous connaître et à trouver la paix en vous. Recherchez le sens caché des choses. **Ressource** : vous avez la capacité de méditer et de développer votre évolution spirituelle et même d'utiliser vos qualités d'auteur pour des sujets ésotériques ou spirituels.

NBRE	DÉFINITION
8	**La leçon :** Reconsidérez la valeur des satisfactions obtenues sur le plan matériel et la liberté qu'elles procurent. Maîtrisez mieux votre puissance en ayant conscience du sens de votre existence. **Ressource** : Vous avez la capacité de vous épanouir et de réussir sur le plan financier. Discipline, recherche et conseil sont à votre portée.
9	**La leçon :** Apprenez à donner gratuitement sans en attendre le retour. Développez l'altruisme et la fraternité. **Ressource** : ouverture sur le Monde. Votre expression est favorable pour l'écriture, les arts ou la comédie. L'Eveil spirituel est à votre portée

NB : si avant réduction vous obtenez 11 ou 22, prenez en compte les deux définitions qui suivent :

NBRE	DÉFINITION
11	**La leçon :** apprenez les relations entre le monde spirituel et le monde matériel. **Ressource** : vous avez la capacité de développer votre intuition et votre inspiration, de vous élever dans le domaine spirituel et d'être très inventif.
22	**La leçon :** apprenez à maîtriser votre idéal pour servir le collectif en utilisant le pouvoir matériel dans son aspect le plus constructif. Travaillez au bénéfice de l'Humain en utilisant vos dons d'intuition et de concrétisation. **Ressource** : dons d'organisateur et de dirigeant de haut niveau.

ANNEXE 11. NOMBRE D'INITIATION SPIRITUELLE

NBRE	DÉFINITION DE L'ACQUISITION À RÉALISER
1	Apprendre à s'individualiser, à s'affirmer, à créer, à développer sa volonté et son ambition, à devenir un leader.
2	Apprendre à tenir compte des besoins d'autrui, à coopérer, à partager, à s'unir, à s'associer, à devenir diplomate.
3	Apprendre à s'exprimer, à prendre confiance en soi, à écrire, parler et à être porteur de joie de vivre au bénéfice des autres.
4	Apprendre la discipline, la patience, l'ordre, l'organisation, la stabilité, une construction de soi pérenne.
5	Apprendre à s'adapter à toutes les situations, à respecter et promouvoir les valeurs de la liberté, à communiquer et voyager.
6	Apprendre à développer son sens de la responsabilité et son sens du service, à trouver son équilibre dans ses relations.
7	Apprendre la maîtrise de ses émotions, à évoluer spirituellement, à développer son intuition et sa créativité.
8	Apprendre la valeur de l'argent, à maîtriser son impulsivité, à trouver l'équilibre entre les valeurs matérielles et les valeurs spirituelles.
9	Apprendre le don désintéressé, la compassion, l'altruisme, à aimer l'humanité, à être plus inspiré et plus intuitif.

NB : si avant réduction vous obtenez 11, 22, 33, 44, prenez en compte les définitions suivantes :

NBRE	DÉFINITION
11	Apprendre à développer ses facultés parapsychiques et son intuition, à trouver l'inspiration et à rechercher la révélation.
22	Apprendre à construire pour l'humanité, à développer ses dons pour la maîtrise de la matière et à mettre sa créativité au service de tous.

NBRE	DÉFINITION
33	Apprendre l'amour universel ou inconditionnel et le diffuser par la communication ou dans son activité professionnelle ou encore en soignant.
44	Apprendre à travailler pour l'humanité, au service d'autrui et à être un canal conscient pour la force créatrice dans un but altruiste.

ANNEXE 12. SYNCHRONICITÉ NUMÉRIQUE

NBRE	SIGNIFICATION GÉNÉRALE
1	Affirmez-vous, votre dynamisme doit s'appuyer sur votre confiance en vous.
2	Votre sensibilité, votre écoute et votre douceur sont les atouts maîtres de votre accomplissement.
3	N'hésitez pas à vivre votre ambition, à vous exprimer, à communiquer, à diffuser votre optimisme.
4	Équilibrez-vous et stabilisez-vous en faisant preuve de patience, d'ordre, d'organisation et de persévérance .
5	Restez libre tout en vous adaptant à toutes les situations. Vivez l'amour de la vie en étant curieux de toutes ces dimensions.
6	Recherchez la beauté et l'harmonie, sentez-vous responsable dans vos choix sociaux et familiaux.
7	Développez votre intuition et votre capacité d'analyse pour entreprendre une quête spirituelle.
8	Faites preuve d'audace et d'autorité, votre courage va vous permettre de réussir matériellement et financièrement.
9	Vivez votre altruisme en faisant preuve de psychologie, de sagesse, et de compassion.

NB : si avant réduction vous obtenez 11, 22, 33, 44, prenez en compte les définitions suivantes :

NBRE	DÉFINITION
11	Soyez à l'écoute de votre inconscient en développant votre intuition et votre inspiration. Mettez votre force morale au service de votre éthique.
22	Mettez votre créativité et votre savoir-faire au service du collectif.
33	Utilisez votre compétence pour soigner, guider, enseigner les autres.
44	Par votre force créatrice, aidez les autres à dépasser leurs difficultés et soulagez-les de leur fardeau par votre engagement.

ANNEXE 13. ORIENTATIONS MÉTIERS ET ACTIVITÉS*

NBRE	ORIENTATIONS FAVORABLES
1	**Domaine** : toutes carrières indépendantes. **Ses atouts** : action et commandement pour se réaliser en tant que manager ou guide. **Activité** physique et rapidité lui sont nécessaires.
2	**Domaine** : poste de collaborateur. **Métiers** administratifs ou fonction publique ou horticulteur, paysagiste, jardinier, fleuriste. **Activité** : artisanat d'art, dessin, peinture, photographie.
3	**Domaine** : commerce, communication, animation et arts. **Métiers** : journaliste, publiciste éditeur. Vendeur, commerçant, responsable marketing. Diplomate, comédien, avocat. Rédacteur, parolier, critique. **Activité** : arts graphiques, musique, écriture.

NBRE	ORIENTATIONS FAVORABLES
4	**Domaine :** administration, construction, agriculture, droit, éducation. **Métiers** : comptable, fiscaliste, architecte, maçon, entrepreneur, horticulteur, garde forestier, juriste, magistrat, huissier, greffier, militaire, policier, instituteur, professeur de droit, d'histoire, d'économie, archiviste, conservateur. **Activité** : protection de la nature, histoire, sculpture.
5	**Domaine :** transports, voyages, hôtellerie, spectacles. **Métiers** : restaurateur, diététicien, cuisinier, œnologue, négociateur en spiritueux, danseur, comédien, metteur en scène, animateur. **Activité** : danse, illusionniste, enseignement, commerce, acrobatie, comique.
6	**Domaine :** arts, artisanat. Relations publiques. Social, soins, droit. **Métiers** : décorateur, dessinateur, artiste peintre, sculpteur, couturier, antiquaire, hôte ou hôtesse d'accueil, infirmier, aide-soignant, médecin, assistant social, secouriste, masseur, pédicure, juge, avocat, administrateurs de biens. **Activité** : tous les arts, la relation d'aide.
7	**Domaine :** réflexion, recherche, philosophie **Métiers** : recherche scientifique, biologie, pharmacie, laboratoire, médecine. Édition, enseignement, conseil. **Activité** : psychologie, informatique, écriture, musique.
8	**Domaine :** armée, police, Commerce, marketing, vente, finances, scientifique **Métiers** : chirurgien, psychiatre, gynécologue, gestionnaire de fortune, banquier, responsable marketing, militaire ou policier gradé, détective, dirigeant de commerce, grande surface. **Activité** : politique, graphologie, astrologie, numérologie, occultisme.
9	**Domaine :** voyages, dévouement, technologie de pointe, sciences parallèles, relations humaines, philosophie, langues. **Métiers** : guide touristique, ambassadeur, explorateur, psychologue, enseignant, artiste, écrivain, publiciste, informaticien, interprète, traducteur, avocat, juge, éducateur spécialisé, médecin, profession paramédicale, guérisseur. **Activité** : psychologie, audiovisuel, arts, chant, écriture, photographie, exploration, grands voyages.

NB : si avant réduction vous obtenez 11, 22, 33, prenez en compte les définitions suivantes :

NBRE	ORIENTATIONS FAVORABLES
11	**Domaine :** initiative et invention scientifique, techniques, accueil et communication et sciences parallèles. **Métiers** : chercheur médical, psycho-sociologue, astronome, Informaticien, ingénieur en télécommunication, ingénieur du son, enseignant, formateur, organisateur de spectacle, responsable des relations publiques, médium, magnétiseur, parapsychologue. **Activité** : psychologie, informatique, écriture, musique.
22	**Domaine :** on peut se référer aux domaines du 4. **Métiers** : haut fonctionnaire, gestionnaire, avocat d'affaires, politicien, organisateur, constructeur, architecte de grands travaux, magnétiseur. **Activité** : art ancien et sculpture, domaine de la nature.
33	**DOMAINE** :**Domaine** :grande échelle, soignant par les sons et les couleurs, massage **Métiers** : médecine et carrières diplomatiques. On peut également se référer aux activités du 6.

* Notions tirées du livre remarquable de Françoise Daviet : *Numérologie, psychologie manuel pratique.*

ANNEXE 14. LEÇON DE PAYS ET DE VILLE

NOMBRES	LE PRINCIPE
1	Principe : Autonomie – Différenciation Qualités : Dynamisme – Confiance en soi
2	Principe : Relation à l'autre Qualités : Sensibilité – Imagination –Souplesse – Tendresse
3	Principe : Relation aux autres Qualité : Sensibilité – Imagination – Souplesse – Tendresse
4	Principe : Réalisation – Construction Qualité : Organisation – Stabilité – Persévérance – Équilibre
5	Principe : Mouvement – Désir – Envie Qualités : Adaptabilité – Ouverture
6	Principe : Harmonie – Amour – Beauté Qualités : Responsabilité – Médiation
7	Principe : Introspection – Recherche Qualités : Foi – Sagesse – Intuition – Réflexion
8	Principe : Matérialité – Puissance Qualités : Audace – Autorité – Courage – Hardiesse – Équilibre entre les valeurs matérielles et les valeurs spirituelles
9	Principe : Humanisme – Connaissance Qualités : Sagesse – Sensibilité – Psychologie – Altruisme – Sens du collectif
11	Principe : Force morale – Éthique Qualités : Inspiration – Création – Courage – Force – Sagesse
22	Principe : Maîtrise matérielle et physique Qualités : Visées universelles – Détermination – Audace – Organisation – Grande créativité

ANNEXE 15. INFLUENCE NUMÉRALE DE RUE

NOMBRES	LE PRINCIPE
1	**J'habite au n° 1**, pour m'affirmer, renforcer ma confiance en moi et être dynamique.
2	**J'habite au n° 2** pour devenir : plus sensible, plus imaginatif, plus souple ou plus tendre.
3	**J'habite au n° 3** pour améliorer ma relation aux autres, ma créativité, ma communication et vivre l'optimisme.
4	**J'habite au n° 4** pour renforcer ma réalisation en m'organisant, en trouvant la stabilité, en faisant preuve de persévérance et d'équilibre.
5	**J'habite au n° 5** pour vivre une plus grande ouverture à la vie que je dois apprendre à aimer et faire preuve d'adaptation dans mon parcours.
6	**J'habite au n° 6** pour développer mes facultés de responsabilité, de médiation, et mon sens artistique.
7	**J'habite au n° 7** pour faire preuve de foi, de sagesse d'intuition, réflexion et d'originalité.
8	**J'habite au n° 8** pour vivre l'Audace, l'Autorité, le courage, pour trouver le juste équilibre entre les valeurs matérielles et les valeurs spirituelles
9	**J'habite au n° 9** pour employer dans mon quotidien la sagesse, la sensibilité, faire preuve de psychologie et d'altruisme et avoir le sens du collectif.
11	**J'habite au n° 11** pour élever mes capacités d'Inspiration, création, courage, force et sagesse.
22	**J'habite au n° 22** pour appliquer dans mes réalisations: détermination, audace, organisation, grande créativité avec des visées universelles.
33 ou 44	**J'habite au n° 33 ou 44** pour effacer tout narcissisme et offrir ma fraternité aux autres dans mon quotidien.

NB : si vous habitez à un autre numéro que ceux indiqués ci-dessus, pratiquez la réduction à l'unité sauf pour le 11, 22, 33 et 44 que vous conservez à l'échelle de la dizaine.

ANNEXE 16. INFLUENCE NOM DE RUE

NOMBRES	J'HABITE CETTE RUE, VOIE, OU CHEMIN
1	**Car** mon ambition intérieure me pousse à prendre la tête, à me différencier.
2	**Car** je veux vivre de manière simple, en toute tranquillité, et avoir des rapports harmonieux avec mes voisins.
3	**Car** j'y recherche la joie et le bonheur d'y vivre, d'y organiser des rencontres et même des fêtes et y exercer ma créativité.
4	**Car** je souhaite y vivre les qualités d'honnêteté, de rigueur, d'ordre et même y exercer mes capacités de bricolage.
5	**Car** cette rue est un relai ressourçant entre mes nombreux voyages et déplacements et je peux y vivre mes passions intellectuelles.
6	**Car** je peux y avoir une vie de famille dans l'intimité, et son emplacement me permet d'y exercer mon goût du décor.
7	**Car** cela est propice à mon besoin d'intériorisation, de repos, de méditation et je peux y poursuivre mes recherches ou études.
8	**Car** elle me permet de réussir dans mes affaires. Et j'y suis bien placé pour faire preuve de jugement et d'efficacité.
9	**Car** elle est ouverte à tous et mon voisinage est prêt à aider car il a le sens du collectif et de l'humain. Les artistes et créateurs y sont les bienvenus.
11-22-33-44	**Car** je peux y incarner mes aspirations spirituelles en vivant et en engageant des actions concrètes au service des autres et du bien commun.

ANNEXE 17. CORRESPONDANCE CODE POSTAL

NOMBRES	CORRESPONDANCE CENTRÉE
1	**Sur** ma volonté d'être autonome et de me différencier.
2	**Sur** l'expression de mes sentiments et la qualité de la relation que j'entretiens avec l'autre.
3	**Sur** les possibilités de ma créativité, de ma capacité artistique, du rayonnement de mon optimisme ou de mes capacités de persuasion.
4	**Sur** l'importance de ma famille, de mon habitat et de la réalisation de moi-même avec équilibre et persévérance.
5	**Sur** l'ouverture que me procurent mes voyages, sur l'effort d'adaptation que je dois réaliser pour apprécier la beauté et la diversité de la vie.
6	**Sur** l'épanouissement de mon couple, mon désir de participer à la vie sociale, mon souhait d'être un arbitre reconnu pour les conflits dans mon environnement.
7	**Sur** le fruit de mes recherches et de ma capacité d'analyse. **Sur** l'expression de ma Foi et ma quête de sagesse.
8	**Sur** le commerce, l'entreprise ou les affaires pour les aspects matériels de la vie.
9	**Sur** mon souhait d'être engagé au service des plus démunis ou de ceux qui souffrent.
11-22-33-44	**Sur** ma détermination à entreprendre des actions d'envergure au service des autres et du bien commun.

ANNEXE 18. RÉSONNANCE NUMÉRO DE TÉLÉPHONE

NOMBRES	COMMUNICATION DIRIGÉE PRINCIPALEMENT
1	**Vers** ma volonté de m'affirmer dans ma différence et de montrer mon dynamisme.
2	**Vers** l'expression de mes sentiments et le maintien de la qualité de la relation que j'entretiens avec l'autre.
3	**Vers** la promotion de ma créativité, de ma capacité artistique, grâce à mon optimisme et mes capacités de persuasion.
4	**Vers** ma famille, l'entretien ou l'agencement de mon habitat et ma capacité d'organisation dans mon travail.
5	**Vers** les déplacements, l'ouverture, et le besoin d'adaptation aux événements que je rencontre.
6	**Vers** mon désir de participer à la vie sociale, et mon souhait d'être un arbitre reconnu pour la justesse de ses conseils.
7	**Vers** l'approfondissement de mes recherches et l'aboutissement de ma quête de vérité.
8	**Au** service de la réussite de mon ambition pour le commerce, l'entreprise ou les affaires.
9	**Vers** mon engagement humanitaire et les voyages que cela implique.
11-22-33-44	**Vers** la mise en place d'actions d'envergure au service des autres et du bien commun.

ANNEXE 19. RÉSONNANCE IMMATRICULATION VÉHICULE

Si l'usage de votre véhicule ne correspond pas au moins partiellement à cette symbolique, il serait bon de méditer sur les raisons de l'écart que vous constatez.

NOMBRES	DESTINATION SYMBOLIQUE
1	Véhicule adapté pour servir le dynamisme, l'affirmation et la différenciation de son propriétaire.
2	Véhicule au service des déplacements à caractères sentimentaux de son propriétaire au cours desquels la sensibilité et l'écoute sont au premier plan.
3	Véhicule destiné à permettre les déplacements nécessaires à la promotion de l'expression, de la créativité et de la sensibilité artistique de son conducteur.
4	Véhicule utile pour la construction, la mise en ordre, l'organisation d'une vie stable et équilibrée qui permette des réalisations concrètes.
5	Véhicule appelé à favoriser les voyages, l'ouverture sur l'étranger et qui s'adapte à tout type de route.
6	Véhicule au service du couple, qui favorise les déplacements pour un investissement responsable dans la vie sociale, et dans la collectivité.
7	Véhicule qui permet les déplacements au service de mes recherches et facilite l'expression ma philosophie en tout lieu.
8	Véhicule aménagé et équipé pour servir mon ambition, ma réussite et mon sens des affaires sans perte de temps.
9	Véhicule dont les capacités me permettent dans mes déplacements d'entreprendre sans encombre mes actions à caractère humanitaire.
11-22-33-44	Véhicule aménagé et équipé pour des déplacements permettant d'engager des actions d'envergure au service des autres et du bien commun.

ANNEXE 20. SYMBOLISME SANTÉ

NOMBRES	PARTIES CONCERNÉES*	AFFECTIONS POSSIBLES*
1	**Tête** **Cœur** **Cerveau**	Migraine, méningite, inflammations, poussées de fièvre. Arythmie, syncopes, les artères. La moelle épinière, la vision.
2	**Gorge, oreilles** **Sphère gastro-intestinale** **Seins**	Angine, adénite, sinusites, otites. Fonctions digestives, acide urique, diabète, boulimie. Nodules.
3	**Foie, vésicule** **Hanche, bras, épaule, main** **Autres**	Crises. Problème de mouvement. Atteinte du système nerveux, mutisme, surdité.
4	**Squelette** **Peau, dents, genoux, ongles** **Autres**	Os, cartilage, rhumatisme. Problème de sels minéraux. Sclérose, rate, surdité, constipation.
5	**Poumons** **Système nerveux** **Membres supérieurs**	Rhume, bronchite, trachéite, pneumonie, pleurésie. Épuisements, pertes d'énergies, problème de mouvement. Névralgie, épaules, doigt, thorax.
6	**Reins, vessie, prostate** **Région lombaire** **Autres**	Déséquilibres hormonaux, organes génitaux. Problèmes peau, bouche, intestins, circulation veineuse.
7	**Les ganglions** **Les pieds** **Les voies respiratoires** **Autres**	La lymphe et sa circulation. Vigilance en cas d'anesthésie. Allergie médicamenteuse, anxiété, crampes, insomnie.
8	**Organes génitaux** **Intestins** **Autres**	Vaginite, polypes, fibromes, prostate. Rectum. Kystes et brûlure. Anxiété. Manque de prudence accidents possibles.

NOMBRES	PARTIES CONCERNÉES*	AFFECTIONS POSSIBLES*
9	**Désordres psychiques Poumons Glandes Extrémités du corps Autres**	Anémies. Problèmes respiratoires. œdèmes, gonflements, rétentions d'eau, hygiène de vie.

*Ces listes ne sont pas exhaustives, elles sont tirées, de l'excellent livre de Françoise Daviet, *Manuel pratique de numérologie psychologie.*

ANNEXE 21. ORIENTATION DE L'ANNÉE PERSONNELLE

NOMBRES	MOTS CLEFS[1]	SIGNIFICATION ANNÉE PERSONNELLE[1]
1	**Commencement, affirmation, indépendance, volonté**	Début du cycle de 9 ans. Il faut agir et mettre en action les nouveaux projets. Favorable pour progresser et avancer, les années suivantes en dépendront. Les initiatives et les nouvelles idées connaîtront la réussite.
2	**Sensibilité, coopération, relation, écoute**	Année réceptive et émotionnelle, idéale pour collaborer. Elle est favorable à l'épanouissement de votre sensibilité et de votre intuition. Il faut renforcer des relations équilibrées et harmonieuses pour éviter les conflits et les ruptures.
3	**Optimisme, créativité, expression, voyages**	Idées et créations permettent d'exprimer vos talents et dons. Année riche pour l'évolution, artistique, spirituelle ou intellectuelle, elle favorise les initiatives, l'amitié et les finances. Possibilité de la naissance d'un enfant.

NOMBRES	MOTS CLEFS[1]	SIGNIFICATION ANNÉE PERSONNELLE[1]
4	**Réalisation, ordre, patience et persévérance**	Année où il faut préparer un devenir solide en toute sécurité qui doit être fondé sur l'ordre, la méthode et un travail persévérant. Elle est favorable à la recherche d'un nouveau travail.
5	**Changement, expansion, adaptation**	Période de croissance et d'ouverture d'esprit, elle fait appel à votre libre arbitre, à votre capacité d'adaptation pour des changements, des nouveautés. Elle peut être synonyme d'expansion pour le commerce, l'enseignement, l'étranger.
6	**Responsabilité, service, sentiment, équilibre**	La responsabilité familiale ou sociale est fortement impactée. Concessions à faire. Favorable pour développer l'échange et le service. Amitiés, médiation, contrats, création sont au premier plan. Les acquisitions immobilières sont favorisées. Éviter les opérations cette année-là si vous avez 6 comme nombre manquant.
7	**Analyse, étude, introspection**	Année de remise en question, de recherche philosophique ou intellectuelle, sur son évolution intérieure. Elle peut être difficile sur le plan matériel. Néanmoins, elle favorise les écrits inspirés, et permet de retrouver paix et harmonie en élevant son niveau de conscience.
8	**Pouvoir, action matérielle, évolution**	Année d'avancement et d'amélioration sur le plan matériel.[2] Accroissement de l'autorité ou du pouvoir personnel.[2] Nouveaux contacts. Période de transformation et d'évolution en évitant possessivité et pouvoir pour laisser la place à la sagesse et à la connaissance.

NOMBRES	MOTS CLEFS[1]	SIGNIFICATION ANNÉE PERSONNELLE[1]
9	**Achèvement, accomplissement, altruisme**	Cette année termine un cycle de 9 ans. Période de bilan sur les 8 ans précédents : pour évaluer son développement personnel, et pour achever ce qui traîne. Elle demande à maîtriser ses émotions très sollicitées cette année-là. Période qui privilégie la réflexion aux changements à initier l'année qui suit. L'esprit altruiste au service du collectif est favorisé.

1. Tirés des différents livres de Françoise Daviet et de Pierre Lassalle.
2. Sauf si le 8 est un nombre manquant dans la conversion en nombre de l'ensemble des lettres de vos nom et prénoms.

ANNEXE 22. INFLUENCE MOIS ET JOURS PERSONNELS

NOMBRES	SIGNIFICATION MOIS PERSONNEL*	SIGNIFICATION JOUR PERSONNEL*
1	Affirmez-vous, c'est le moment d'agir, il faut saisir sa chance, il faut être combatif, volontaire et courageux. L'action est bénéfique.	Jour dynamique idéal pour signer un contrat, pour changer, prendre un rendez-vous important, pour démarrer une activité, s'affirmer.
2	Période où il faut particulièrement faire preuve de compréhension, de coopération et de diplomatie. Favorable pour obtenir un appui ou renforcer des liens amicaux. Rencontres ou liaisons possibles.	Jour où calme et détente sont de rigueur. Émotions. Rencontre amicale ou sentimentale favorisée. Favorable pour coopérer dans le travail ou pour se distraire. Sensibilité et intuition sont à privilégier.

NOMBRES	SIGNIFICATION MOIS PERSONNEL*	SIGNIFICATION JOUR PERSONNEL*
3	Temps d'optimisme, de joie et d'expression, idéal pour les vacances. Favorable à la création artistique, à la pratique du sport. Votre imagination et votre inspiration sont à leur meilleur niveau.	Jour facile où optimisme et enthousiasme sont au premier plan. Il est favorable aux initiatives, aux déplacements, à l'expression de talents créatifs et aux voyages.
4	Période de travail intense où l'on doit préparer les fondations de ce que l'on veut construire pour le futur avec méthode, organisation et ordre. Mettre à jour le retard.	Jour d'application, d'effort, de mise en ordre même si la tâche est ardue. Ne rien entreprendre de nouveau. Rangement et classement de la paperasse.
5	Période pour découvrir d'autres horizons et pour faire des rencontres amicales, sensuelles ou sentimentales. Favorable au changement à la nouveauté avec de nouvelles opportunités.	Jour dynamique favorable aux rencontres et aux voyages. Il faut se méfier des excès et faire preuve de prudence au volant. Changement, idées originales, et imagination sont favorisés.
6	Amour et mariage sont mis en lumière durant cette période. Favorable aux rencontres amicales ou sentimentales et à l'expression artistique ou pour chercher un nouveau logement. Tolérance et conciliation à privilégier. Éviter de vous faire opérer ce mois-là si vous avez 6 comme nombre manquant.	Bon jour pour trouver ou acquérir son logement. Journée idéale pour les loisirs, les sorties amicales ou sentimentales. Éviter les opérations chirurgicales ce jour-là si vous avez 6 en nombre manquant.

NOMBRES	SIGNIFICATION MOIS PERSONNEL*	SIGNIFICATION JOUR PERSONNEL*
7	Période favorable à l'introspection et à l'analyse des mois précédents. Idéal pour planifier l'avenir, pour développer vos capacités psychiques et vos connaissances spirituelles. Retard dans les aspects matériels, il faut prendre soin de sa santé.	Jour de méditation, réflexion, analyse, qui permet d'ouvrir son discernement et élargir sa conscience. Période peu favorable pour commencer une nouvelle activité, il faut faire une pause. Favorise l'étude et les recherches.
8	Période favorable à une action dynamique pour régler les affaires et les aspects matériels. On doit surveiller sa santé et se méfier des risques accidentels. Favorable pour être plus réaliste et plus confiant. Réussite dans l'aspect matériel sauf si 8 est un nombre manquant.	Votre magnétisme est important avec un puissant impact dans le domaine matériel pour réussir avec habileté votre objectif. Les risques doivent être calculés. Favorable aux signatures de contrat, aux accords, à la médiation. Éviter les excès de pouvoir ou d'autorité.
9	Période satisfaisante pour le service à autrui. Fortes émotions en perspectives. Favorable pour achever l'encours. Compassion et création vous rendront plus heureux.	Jour où les sentiments et l'émotion sont très développés. On peut achever l'encours et aboutir. Ne rien commencer. Favoriser : l'intuition, l'inspiration, la créativité et la compassion.

* Tirés des différents livres de Françoise Daviet et de Pierre Lassalle

ANNEXE 23. COMPATIBILITÉS ENTRE PARTENAIRES

NOMBRES	SIGNIFICATION COMPATIBILITE*
1 et 1	Entente impossible, chacun veut dominer, aucune concession n'est faite à l'autre.
1 et 2	Complémentarité, relations harmonieuses en tout.
1 et 3	Entente en tout domaine aussi bien pour l'amitié que pour l'amour.
1 et 4	Favorable au travail entre supérieur et subordonné. Entente limitée en amour.
1 et 5	Passion généralement peu durable.
1 et 6	Grande complicité en amour ou en amitié.
1 et 7	Entente intellectuelle mais peu favorable au plan des sentiments.
1 et 8	Deux décideurs qui ne peuvent s'entendre que s'il y a une réussite matérielle commune.
1 et 9	Opposition généralement, sauf s'il y a complémentarité entre le créateur 1 et l'intuitif 9.
2 et 2	Passivité dominante pas de dynamique à éviter sur tous les plans.
2 et 3	Entente sentimentale forte. Très favorable à l'amour ou à une amitié créatrice.
2 et 4	Entente si l'équilibre matériel est maintenu et si la patience est réciproque pour construire à deux.
2 et 5	Magnétique, sensuelle mais aventureuse l'entente est passagère.
2 et 6	Amour harmonieux et stable possible. Bonnes relations amicales ou professionnelles.
2 et 7	Entente difficile pour les sentiments. L'amitié est plus favorable.
2 et 8	Entente excellente en tous domaines.
2 et 9	Très émotif avec un climat explosif à déconseiller s ur tous les plans.

NOMBRES	SIGNIFICATION COMPATIBILITE*
3 et 3	Entente dans tous les domaines mais avec des concessions à faire sur le perfectionnisme.
3 et 4	Entente difficile, heurts probables, à éviter.
3 et 5	Bonne entente pour des créations communes, contact riche mais peu stable.
3 et 6	Grande complémentarité sentimentale. Rapport fructueux pour l'art. Entente harmonieuse.
3 et 7	Trop d'écart dans les goûts et les idées, peu durable.
3 et 8	Bonne association pour réaliser, entente sentimentale possible si les deux êtres sont évolués.
3 et 9	Fusion, grande complicité, accord parfait, réalisations communes à caractère humanitaire.
4 et 4	Entente au travail entre collaborateurs. Monotonie pour le reste.
4 et 5	Grande émotivité, tensions extrêmes, peu durable.
4 et 6	Union sentimentale sûre possible, constructif et durable sur les autres plans.
4 et 7	Bonne entente sentimentale, excellent pour le travail, et entente enrichissante en amitié.
4 et 8	Complémentarité favorable sur tous les plans.
4 et 9	Favorable seulement entre deux personnes très ouvertes décidées à évoluer en commun.
5 et 5	Entente favorable mais très instable, pas de durée envisageable.
5 et 6	Relation agréable, génératrice d'évolution s'il y a croissance en sagesse, sinon tension et heurts.
5 et 7	Magnétisme, attraction sensuelle, êtres indépendants, favorable pour le créatif et les loisirs.
5 et 8	Entente si originalité et indépendance, rapports riches et évolutifs.
5 et 9	Rapports difficiles, incapacité à se comprendre sans concession.
6 et 6	Harmonieux à tout point de vue.
6 et 7	Entente laborieuse, l'union n'est pas totale et déroute la personne qui porte le 6, il y a doute.
6 et 8	Favorable et épanouissant pour l'amour et l'amitié.
6 et 9	Accord favorable et constructif pour le reste. Excellente entente en tout domaine.

NOMBRES	SIGNIFICATION COMPATIBILITE*
7 et 7	Entente intellectuelle et spirituelle. Si les deux êtres sont évolués, entente mystique en amour.
7 et 8	Bonne entente en général. Union stable si concessions. Goûts originaux.
7 et 9	Défavorable en amour mais favorable en amitié. Positif au niveau intellectuel ou spirituel
8 et 8	Attirance magnétique, favorable à « l'amour amitié », chance financière pour affaires ensemble.
8 et 9	Bonne entente sur tous les plans, associe originalité et talent, accord intuitif; réussite pour les deux.
9 et 9	Très ou trop idéaliste, compréhension intuitive et compassion, néanmoins instabilité.

* Tiré du livre de Pierre Lassalle *La numérologie Holistique.*

Achevé d'imprimer en Espagne
par Novoprint
Dépôt légal : mai 2017